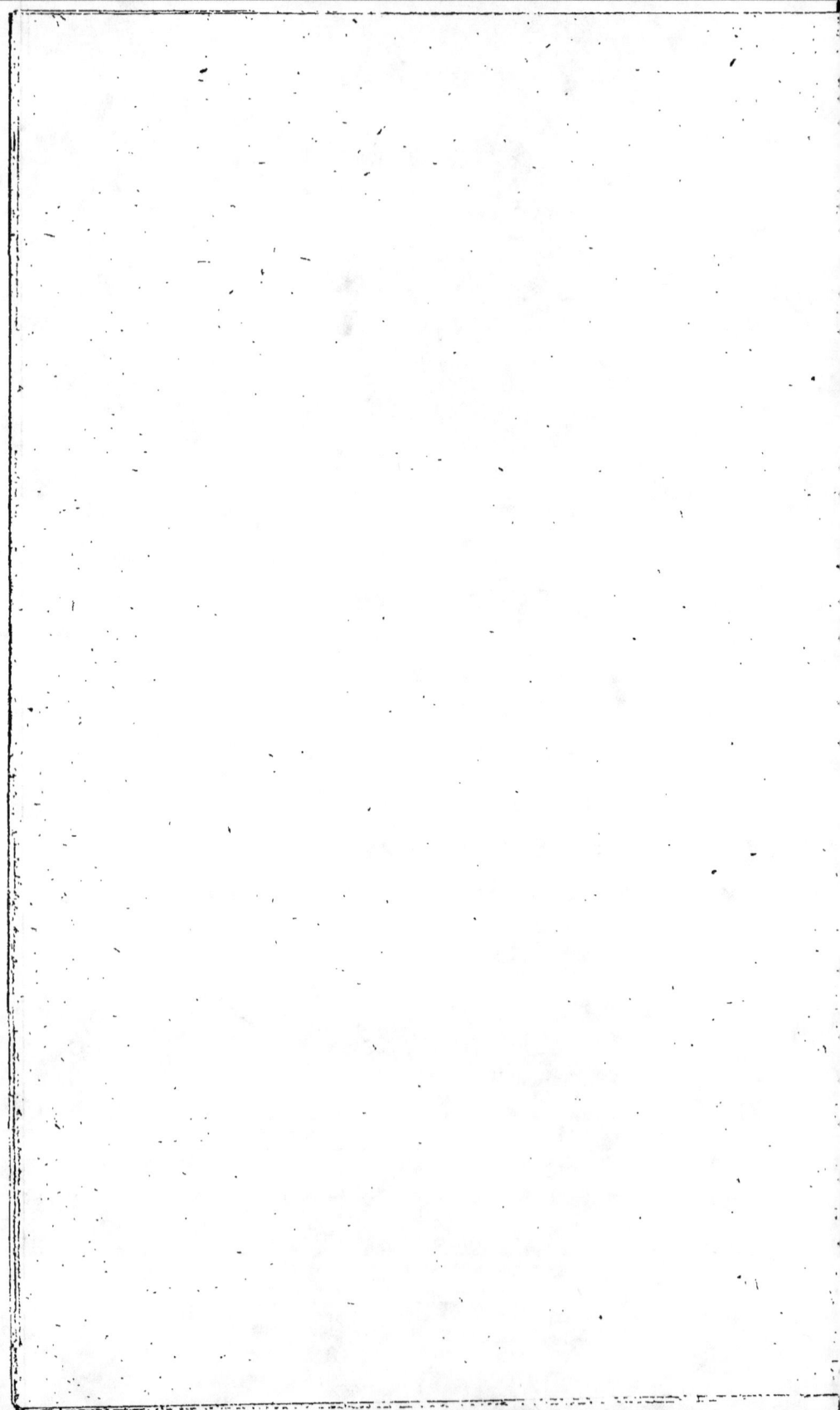

CHEZ

LES NATIONS CHRÉTIENNES

PAR

PATRICE LARROQUE

TROISIÈME ÉDITION

PARIS

1870

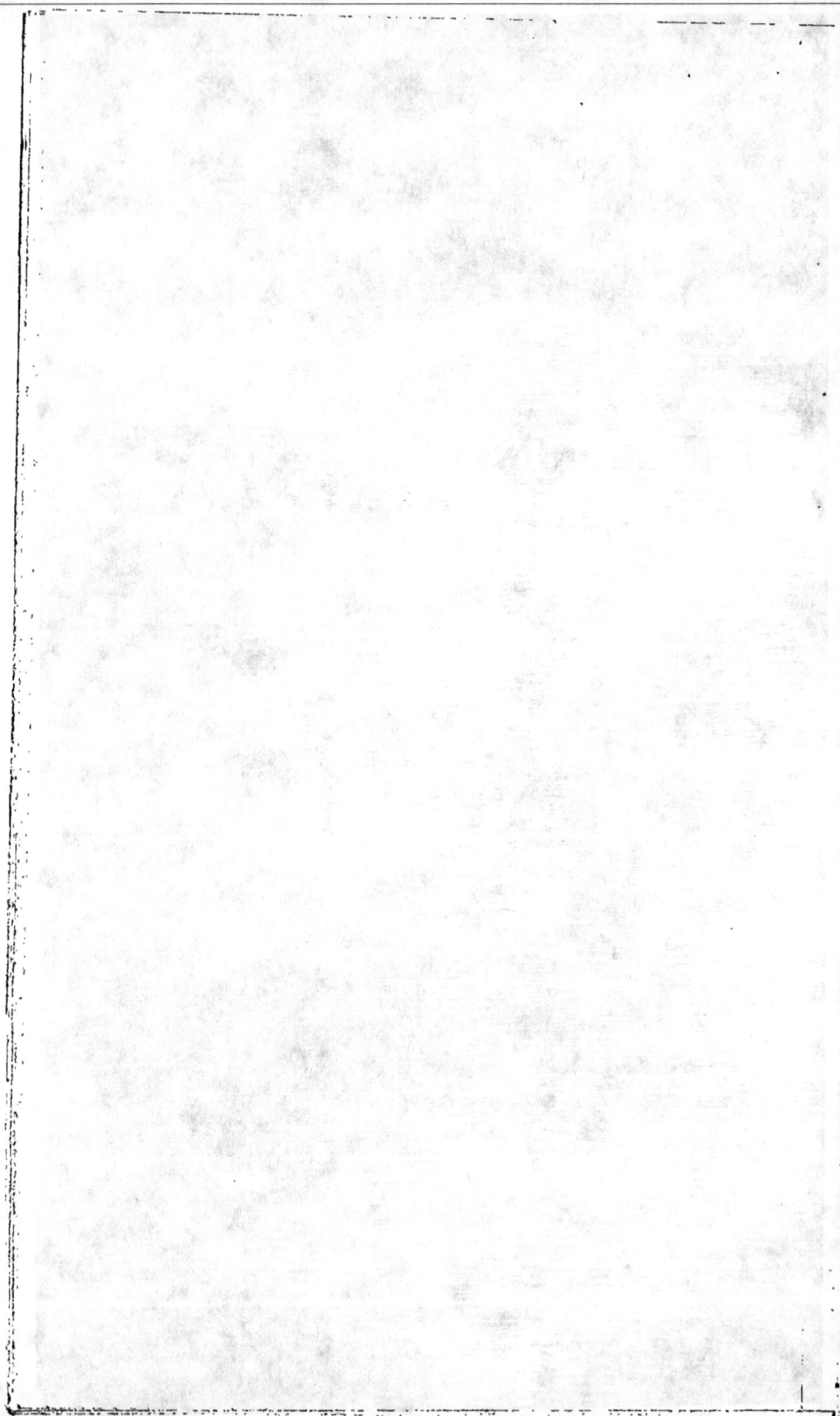

DE

L'ESCLAVAGE

CHEZ

LES NATIONS CHRÉTIENNES

CHEZ LES MÊMES ÉDITEURS

OUVRAGES DU MÊME AUTEUR

EN NOUVELLES ÉDITIONS

EXAMEN CRITIQUE DES DOCTRINES DE LA RELIGION CHRÉTIENNE, 2 volumes grand in-8°, 4ᵉ édition.

RÉNOVATION RELIGIEUSE, 1 volume grand in-8°, 4ᵉ édition.

DE LA GUERRE ET DES ARMÉES PERMANENTES, 1 volume in-8°, 3ᵉ édition.

DE

L'ESCLAVAGE

CHEZ

LES NATIONS CHRÉTIENNES

PAR

Patrice LARROQUE

TROISIÈME ÉDITION

PARIS
MICHEL LÉVY FRÈRES, ÉDITEURS
RUE VIVIENNE, 2 BIS, ET BOULEVARD DES ITALIENS, 15
A LA LIBRAIRIE NOUVELLE

1870

DE

L'ESCLAVAGE

CHEZ

LES NATIONS CHRÉTIENNES

AVANT-PROPOS

Si une religion eût condamné en principe l'esclavage et l'eût aboli en fait quand elle l'aurait pu, cela ne prouverait pas qu'elle fût vraie, car on peut mêler de sages prescriptions et de bonnes actions à des dogmes faux; mais cela constituerait un mérite qu'il faudrait s'empresser de lui reconnaître et de proclamer au besoin, quelque éloigné que l'on fût de croire à ses dogmes : il n'y aurait là qu'un acte de simple justice. D'un autre côté, il est évident qu'une religion vraie doit condamner l'esclavage comme dégradant à la fois le maître et l'esclave, et que les disciples de cette religion doivent travailler de tout leur pouvoir à l'abolition de ce legs odieux de la barbarie antique. C'est pour cela sans doute que les modernes apologistes du christianisme ont dit si souvent et fait redire par la foule de leurs adeptes qu'il avait aboli l'esclavage. C'est là un de ces nombreux mensonges auxquels certains auteurs finissent par croire à force de les répéter. Si l'on se fût contenté de dire que l'esprit de charité qui règne habituellement dans les Évangiles était opposé à l'institution de l'esclavage, cela serait vrai. Mais on a affirmé maintes fois que la religion chrétienne condamnait en principe l'esclavage; plus souvent encore on a donné comme un fait qu'elle l'avait aboli. Je me propose de faire voir que ces deux assertions, ainsi posées, ne sont pas soutenables.

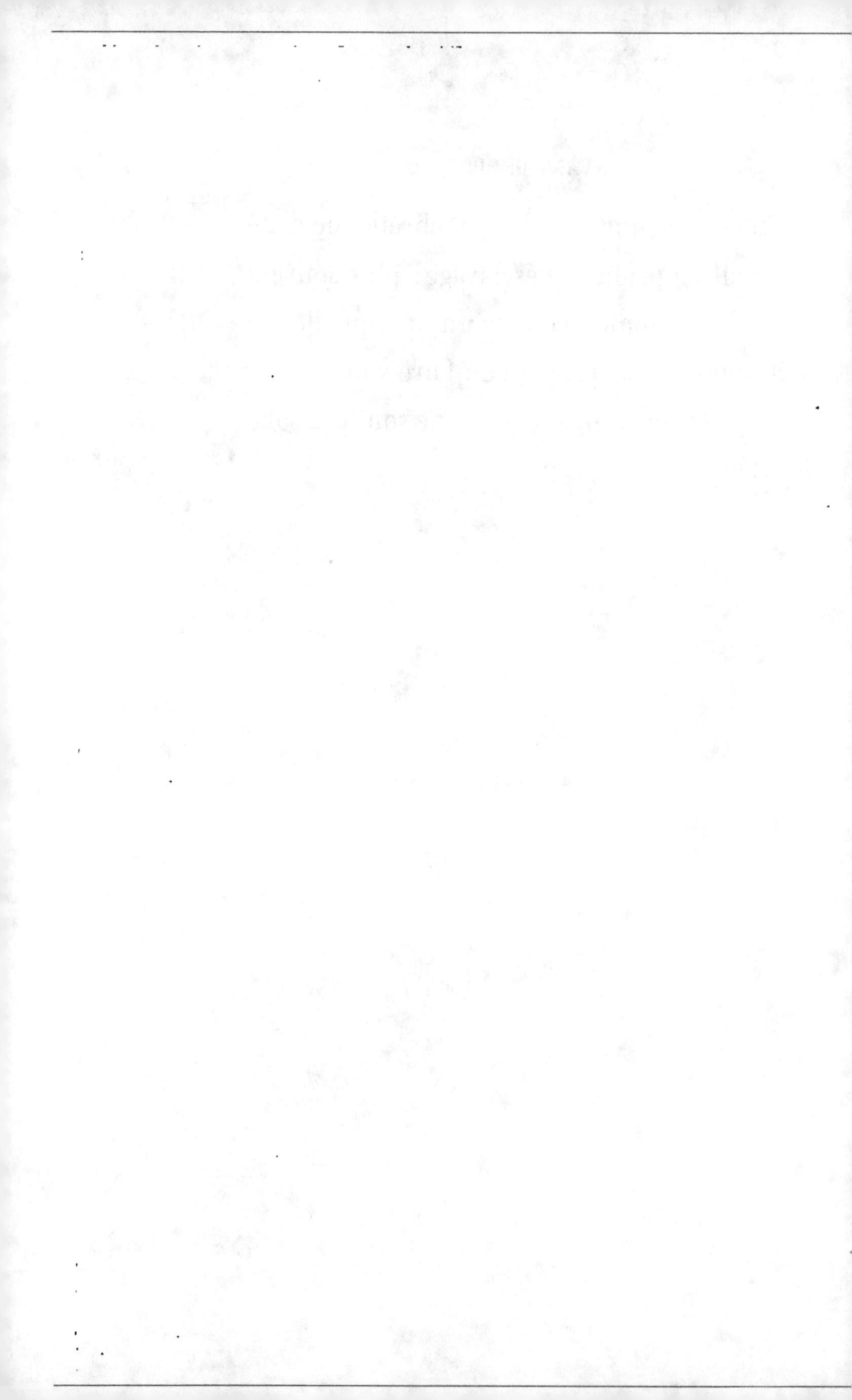

CHAPITRE PREMIER

LA RELIGION CHRÉTIENNE NE CONDAMNE POINT EN PRINCIPE L'ESCLAVAGE

Dans les récits légendaires des évangélistes, Jésus n'a jamais formellement condamné l'esclavage. On trouve cet aveu dans les livres mêmes dont les auteurs prétendent que le christianisme a aboli l'esclavage : « Nous ne « lisons nulle part, dit M. l'abbé Thérou, qu'il « ait exhorté les maîtres à affranchir leurs es- « claves (1). » « Le christianisme, est-il dit « également dans le journal protestant *Le*

(1) *Le Christianisme et l'Esclavage*, Paris, 1841.

« *Semeur*, a amené l'abolition de l'esclavage, « et cependant il n'y a pas dans l'Évangile un « seul mot à ce sujet (1). » Non-seulement Jésus, dans les Évangiles, n'a jamais condamné formellement l'esclavage, mais on pourrait soutenir qu'il lui a plutôt été favorable, au moins indirectement, d'abord dans une de ses paraboles, où il dit, sans aucune expression de blâme, que *l'esclave qui a connu la volonté de son maître et qui ne s'y est pas conformé recevra force coups*, tandis que celui qui n'a pas connu cette volonté ne recevra qu'un petit nombre de coups (2), en second lieu dans un passage où, s'adressant à ses disciples qu'il suppose possesseurs d'esclaves, il demande si le maître est l'obligé de son esclave parce que celui-ci a fait ce qu'on lui avait commandé, et

(1) N° du 8 mars 1843.

(2) Ὁ *δοῦλος ὁ γνοὺς τὸ θέλημα τοῦ κυρίου αὐτοῦ καὶ μὴ ἑτοιμάσας μηδὲ ποιήσας πρὸς τὸ θέλημα αὐτοῦ, δαρήσεται πολλάς· ὁ δὲ μὴ γνούς, ποιήσας δὲ ἄξια πληγῶν, δαρήσεται ὀλίγας*. Luc, ch. 12, v. 47 et 48.

il ajoute : *Je ne le pense pas* (1). Si l'on ne trouve pas dans les Évangiles la condamnation directe et expresse de l'esclavage, peut-être la découvre-t-on dans les écrits des deux principaux interprètes de la doctrine de Jésus? Pas davantage. Non-seulement Paul et Pierre, dans leurs *Épîtres*, n'ont pas un mot pour condamner l'esclavage ni pour recommander aux maîtres d'affranchir leurs esclaves, mais au contraire le peu qu'ils disent sur cette matière est conforme au principe de l'esclavage. Dans la 1re *Épître aux Corinthiens*, Paul enseigne que l'esclave n'a point à *s'inquiéter de son état* (2), comme s'il était indifférent pour la responsabilité morale qui incombe à un homme adulte, d'être le maître de ses actes ou d'être la chose d'un autre homme. Dans l'*Epître aux Ephésiens*, il recommande aux esclaves d'*obéir à leurs maîtres avec crainte et tremblement*

(1) Μὴ χάριν ἔχει τῷ δούλῳ ἐκείνῳ ὅτι ἐποίησεν τὰ διαταχθέντα αὐτῷ ; οὐ δοκῶ. Luc, ch. 17, v. 9 et 10.

(2) Δοῦλος ἐκλήθης; μή σοι μελέτω. Ch. 7, v. 21.

comme au Christ (1). Dans l'*Epître aux Colossiens*, après avoir dit qu'aux yeux de Dieu il n'y a aucune différence entre l'esclave et l'homme libre (2), au lieu de proclamer l'égalité naturelle des droits parmi les hommes, et par conséquent l'illégitimité de l'esclavage et le devoir des maîtres d'affranchir leurs esclaves, il recommande à ces derniers d'*obéir en tout à leurs maîtres* (3), et, au chapitre suivant, v. 1er, il recommande aux maîtres de traiter leurs esclaves avec *équité*, comme si l'équité était possible dans les rapports entre deux hommes dont l'un possède l'autre comme une chose, rapports qui constituent, par le fait même de leur persistance, une iniquité souveraine. Dans la 1re *Epître à Timothée*, il

(1) Οἱ δοῦλοι, ὑπακούετε τοῖς κυρίοις κατὰ σάρκα μετὰ φόβου καὶ τρόμου, ἐν ἁπλότητι τῆς καρδίας ὑμῶν, ὡς τῷ Χριστῷ. Ch. 6, v. 5.

(2) Οὐκ ἔνι Ἕλλην καὶ Ἰουδαῖος, περιτομὴ καὶ ἀκροβυστία, βάρβαρος καὶ Σκύθης, δοῦλος καὶ ἐλεύθερος. Ch. 3, v. 11.

(3) Οἱ δοῦλοι, ὑπακούετε κατὰ πάντα τοῖς κυρίοις κατὰ σάρκα. V. 22.

veut que les esclaves regardent leurs maîtres comme *dignes de tout honneur* (1), à ceux qui ont des maîtres chrétiens il recommande de *servir encore mieux* (2), il ajoute que telle est *la saine doctrine de Jésus-Christ* et que cette doctrine est *selon la piété*, et il appelle *orgueilleux et ignorant* quiconque en enseigne une autre (3). Enfin, dans l'*Epître à Tite*, il recommande encore aux esclaves de *plaire en toutes choses à leurs maîtres*, afin d'*orner la doctrine du Sauveur* (4). Ceux qui prétendent que le christianisme a aboli l'esclavage, invoquent surtout le verset de l'*Epître aux Colos-*

(1) Ὅσοι εἰσὶν ὑπὸ ζυγὸν δοῦλοι, τοὺς ἰδίους δεσπότας πάσης τιμῆς ἀξίους ἡγείσθωσαν. Ch. 6, v. 1er.

(2) Οἱ δὲ πιστοὺς ἔχοντες δεσπότας μὴ καταφρονείτωσαν, ὅτι ἀδελφοί εἰσιν, ἀλλὰ μᾶλλον δουλευέτωσαν. *Ibidem*, v. 2.

(3) Εἴ τις ἑτεροδιδασκαλεῖ καὶ μὴ προσέρχεται ὑγιαίνουσιν λόγοις τοῖς τοῦ κυρίου ἡμῶν Ἰησοῦ Χριστοῦ καὶ τῇ κατ' εὐσέβειαν διδασκαλίᾳ, τετυφῶται, μηδὲν ἐπιστάμενος. *Ibidem*, v. 3 et 4.

(4) Δούλους δεσπόταις ἰδίοις ὑποτάσσεσθαι, ἐν πᾶσιν εὐαρέστους εἶναι. . . . . ἵνα τὴν διδασκαλίαν τὴν τοῦ Σωτῆρος ἡμῶν Θεοῦ κοσμῶσιν ἐν πᾶσιν. Ch. 2, v. 9 et 10.

siens, que j'ai cité tout à l'heure et où il est dit que devant Dieu il n'y a ni esclave ni homme libre ; mais ils ont grand soin de l'isoler des autres textes dont je donne le relevé et qui prouvent avec la dernière évidence que Paul, en disant qu'il n'y a pas, en religion, de distinction entre l'esclave et l'homme libre, n'entendait nullement dire pour cela qu'il dût en être de même parmi les hommes. Cette interprétation de sa pensée trouverait au besoin une confirmation dans le verset de l'*Epître aux Galates*, où en confondant l'*homme et la femme* comme l'esclave et l'homme libre dans l'unité mystique du Christ (1), il n'entend manifestement pas faire disparaître la différence de fonctions et de devoirs, que la nature et la société ont établie entre les deux sexes.

Pierre, dans sa 1re *Epître*, recommande

(1) Οὐκ ἔνι Ἰουδαῖος οὐδὲ Ἕλλην, οὐκ ἔνι δοῦλος οὐδὲ ἐλεύθερος, οὐκ ἔνι ἄρσεν καὶ θῆλυ· ἅπαντες γαρ ὑμεῖς ἕν ἐστε ἐν Χριστῷ Ἰησοῦ. Ch. 3, v. 28.

également aux esclaves *d'être soumis avec crainte à leurs maîtres* (1). Après cela, on attend naturellement des recommandations pour les maîtres, à qui Paul défendait au moins la dureté. Point du tout. Pierre n'a absolument aucune recommandation à leur faire, tant il est apparemment convaincu de la légitimité de leurs droits.

Certains traducteurs auraient-ils cherché à se faire illusion à eux-mêmes et à donner le change aux autres sur la portée de ces textes, en traduisant le mot latin *servus* de la Vulgate par le mot *serviteur*, qui, dans notre langue, a une acception générale et peut s'appliquer au simple domestique à gages, demeurant toujours libre, aussi bien qu'à l'esclave proprement dit? Pour être fidèle, il fallait absolument traduire par *esclave*, et l'emploi du mot vague de *serviteur* semble ici une véritable

(1) Οἱ οἰκέται, ὑποτασσόμενοι ἐν παντὶ φόβῳ τοῖς δεσπόταις, οὐ μόνον τοῖς ἀγαθοῖς καὶ ἐπιεικέσιν ἀλλὰ καὶ τοῖς σκολιοῖς. Ch. 2, v. 18.

fraude. Car d'abord, si l'on excepte le verset 18 du chapitre 2 de la 1re *Epître* de Pierre, l'expression grecque δοῦλος des textes originaux, dans tous les passages que j'ai cités, signifie esclave proprement dit et ne peut pas signifier autre chose. En second lieu, dans ces mêmes chapitres de l'*Epître aux Ephésiens* et de l'*Epître aux Colossiens*, où Paul recommande si expressément d'obéir en tout aux maîtres comme au Christ, il oppose à l'homme *libre* le *serviteur* auquel il s'adresse, et, dans ces deux derniers passages, nos traducteurs eux-mêmes rendent par *esclave* le mot *servus* de la Vulgate; il est donc évident que Paul veut parler de l'espèce de serviteur qui n'est pas libre, c'est-à-dire du véritable esclave. Si les preuves n'étaient pas déjà surabondantes, on pourrait ajouter que, dans l'*Epître à Philémon*, il lui demande de recevoir en grâce le serviteur Onésime, qu'il lui renvoie ; ce qui signifie fort clairement que ce serviteur n'était pas libre de quitter son maître, et que par conséquent il était esclave et esclave d'un chrétien que Paul appelle son ami et son aide.

Non-seulement donc les livres du Nouveau Testament n'ont pas un seul texte formel contre l'esclavage, mais ce qu'ils en disent est favorable à son principe.

D'un autre côté, il ne faut pas oublier que le christianisme, prenant pour point de départ les livres de l'Ancien Testament, les déclare révélés et inspirés par l'Esprit-Saint, tout aussi bien que les livres du Nouveau Testament. Or l'esclavage trouve une justification dans des textes exprès de l'Ancien Testament. Dans la *Genèse*, ch. 9, v. 25, Noé, en punition du péché de Cham, maudit Chanaan et le condamne à la servitude, et non-seulement l'auteur sacré ne désavoue pas cette condamnation, mais c'est sur la malédiction et l'asservissement des peuples de Chanaan qu'il fait reposer en grande partie l'histoire religieuse du peuple d'Israël. Au *Lévitique*, ch. 25, v. 44-46, Dieu permet aux Juifs d'avoir des esclaves étrangers (1). Déjà dans l'*Exode*, ch. 21, v. 2-6, Moyse avait institué, à l'égard des Juifs achetés par leurs compatriotes, un esclavage en apparence mitigé, mais que les dispositions des versets 4-6 rendent aussi odieux que possible. Au chapitre 29, v. 19, du livre des *Proverbes*, il est dit que *ce n'est pas avec des paroles que l'on corrige un esclave*. En effet, la parole, expression de la pensée et du sentiment, s'adresse à des personnes. Or les esclaves, aux yeux de leurs maîtres, ne sont pas des personnes, mais des choses comme les bêtes de somme. Les marchands et les possesseurs d'esclaves sont encore aujourd'hui de cet avis, et par conséquent ceux d'entre eux qui sont chrétiens, peuvent appliquer en toute sûreté

(1) וְהָיוּ לָכֶם לַאֲחֻזָּה וְהִתְנַחַלְתֶּם אֹתָם לִבְנֵיכֶם אַחֲרֵיכֶם לָרֶשֶׁת אֲחֻזָּה לְעֹלָם בָּהֶם תַּעֲבֹדוּ. « Et vous les posséderez, et vous les laisserez en héritage à vos enfants « après vous, afin qu'ils les possèdent, et ils vous serviront à toujours. » V. 45 et 46. Voir aussi *Genèse*, ch. 17, v. 12.

de conscience les autres modes de correction que chacun sait et dont le livre de l'*Ecclésiastique* nous donne le détail suivant. A l'esclave il faut comme à l'âne, ni plus ni moins, de la pâture, des coups et du travail. Toutefois, comme il ne pourrait être astreint à manger au râtelier de l'âne, il reçoit du *pain;* mais par combien de désavantages est compensé ce privilége qu'il a sur son compagnon d'infortune! L'âne ne connaît que *le joug et la courroie;* lorsque sa peau est devenue calleuse et qu'il a fourni sa tâche, il peut reposer en paix. L'esclave ayant une tendance perpétuelle à vouloir être libre, on ne doit point *lui lâcher la main*, mais il faut l'assouplir par *un travail continu;* il faut, s'il a un mauvais vouloir, s'il n'obéit pas, le dompter *par la torture et par les fers aux pieds* (1). Ne dirait on pas que ces

(1) A défaut du texte hébraïque, qui ne nous est point parvenu, je citerai la traduction qu'en a faite saint Jérôme : « Cibaria et virga et onus asino : pa- « nis et disciplina et opus servo. Operatur in disci-

règles ont été tracées de nos jours par un conducteur de nègres? Le juif, le chrétien, qui les croit dictées par Dieu même, a-t-il le droit de demander l'abolition de l'esclavage? Ceux qui aujourd'hui encore exploitent les hommes comme des bêtes ne peuvent-ils pas venir, la Bible à la main, répondre qu'ils ne font que mettre en pratique les préceptes que juifs et chrétiens proclament divins? Pour que la dérision s'ajoute à la cruauté, ces prescriptions sont immédiatement suivies de paroles doucereuses qui recommandent d'aimer comme soi-même et de traiter en frère un esclave *fidèle*, parce que, dit le texte au possesseur, *tu l'as acquis dans le sang de l'âme*, ce qui est un mo-

« plinâ et quærit requiescere : laxa manus illi et quærit libertatem. Jugum et lorum curvant collum durum, et servum inclinant operationes assiduæ. Servo malevolo tortura et compedes ; mitte illum in operationem ne vacet : multam enim malitiam docuit otiositas. In operâ constitue eum ; sic enim condecet illum. Quod si non obaudierit, curva illum compedibus. » Ch. 33, v. 25-30.

tif très-peu intelligible (1). Quelle moquerie ne serait-ce pas que d'oser dire que l'on aime comme soi-même et que l'on traite en frère un de ses semblables que l'on retient dans l'esclavage? La première chose à faire, si l'on éprouvait réellement de pareils sentiments, ne serait-elle pas de se hâter de briser ses chaînes? On pourrait croire que c'est là ce qu'a voulu dire l'auteur sacré, dans un autre endroit où il recommande *de ne pas priver de la liberté* et de ne pas laisser dans l'indigence un esclave *sensé* (2). Mais, dans ce dernier passage, il ne peut évidemment être question que de l'esclave d'origine hébraïque et qui devait être libéré la septième année, tandis que l'esclave de race étrangère devait demeurer, ainsi que sa pro-

(1) « Si est tibi servus fidelis, sit tibi quasi anima « tua ; quasi fratrem sic eum tracta, quoniam in « sanguine animæ comparasti illum. » V. 31.

(2) « Servus sensatus sit tibi dilectus quasi anima « tua ; non defraudes illum libertate neque inopem « derelinquas illum. » Ch. 7, v. 23.

géniture, un objet de possession perpétuelle. Il demeure donc établi que les livres soit de l'Ancien soit du Nouveau Testament, loin de condamner l'esclavage, lui fournissent au contraire un appui. Un chrétien conséquent ne doit donc pas se croire le droit de le condamner comme une chose radicalement mauvaise de sa nature ; il ne peut pas le regarder comme contraire à la justice, sans se déclarer par là même plus éclairé et plus saint que son Dieu, et sans s'inscrire contre les révélations qu'il dit en avoir reçues. Aussi n'existe-t-il aucune décision de l'Église qui ait déclaré essentiellement mauvais le fait de posséder des esclaves, et qui ait ordonné de les affranchir. Entendons quelques-uns des plus accrédités de ses docteurs.

Un des premiers Pères, saint Ignace, évêque d'Antioche, qui passe pour avoir été le disciple de saint Pierre, recommande aux esclaves chrétiens, comme le faisait saint Paul, *de servir encore mieux*, et motive cette recommandation sur la gloire de Dieu et leur intérêt même (1).

Saint Cyprien s'étaie du même texte de saint Paul pour adresser aux esclaves la même recommandation (2).

Selon saint Hilaire de Poitiers, un homme religieux ne tient aucun compte de la condition corporelle; il ne connaît d'autre servitude que celle de l'âme (3).

Saint Basile prescrit d'admonester, d'amen-

(1) *Εἰς δόξαν Θεοῦ πλεῖον δουλευέτωσαν ἵνα κρείττονος ἐλευθερίας τύχωσιν ἀπὸ Θεοῦ. Μὴ ἐράτωσαν ἀπὸ τοῦ κοινοῦ ἐλευθεροῦσθαι, ἵνα μὴ δοῦλοι εὑρεθῶσιν ἐπιθυμίας.* (Cette lettre de saint Ignace, dont les protestants contestent du reste l'authenticité, se trouve dans la collection des *Pères apostoliques*, tome II, Paris, 1672.)

(2) « Servos, cùm crediderint, *plùs* dominis carna- « libus servire debere. » (*Testimoniorum* lib. III, cap. 72, Paris, 1726.)

(3) « Conditionem corporis religiosæ animæ gene- « rositas despicit. Officium quidem durum, tamen « homini non omninò miserabile, quia serviatur à « servis : at verò animæ captivitas quàm infelix « est ! » (*Tractatus in psalmum* CXXV, *art.* 4, Paris, 1693.)

der et de renvoyer à leurs maîtres les esclaves qui se réfugieraient dans les couvents, et il s'autorise de l'exemple de saint Paul, renvoyant Onésime à Philémon (1).

Saint Ambroise, parlant de la servitude à laquelle Isaac réduit son fils Ésaü, prétend que celui-ci *devait* être l'esclave d'un frère plus *prudent* que lui (2). C'est ainsi que raisonnent ceux qui prétextent l'infériorité de la race nègre pour l'asservir, et ceux qui objectent les vices que l'esclavage même a donnés aux

(1) Ὅσοι δὲ ὑπὸ ζυγὸν ὄντες δοῦλοι, ταῖς ἀδελφότησι προσφεύγουσι, νουθετηθέντας αὐτοὺς καὶ βελτιωθέντας ἀποπέμπεσθαι χρὴ τοῖς δεσπόταις, καθ' ὁμοίωσιν τοῦ μακαρίου Παύλου ὃς τὸν Ὀνήσιμον γεννήσας διὰ τοῦ εὐαγγελίου, ἀνέπεμψε τῷ Φιλήμονι. (Ὅροι κατὰ πλάτος, XI, Περὶ δούλων, tome II, Paris, 1722.) Voir aussi, dans le même tome, la 75e règle morale, ch. Ier, où saint Basile rappelle aux esclaves la recommandation que leur fait saint Paul dans l'*Épître aux Ephésiens*, ch. 6, v. 5.

(3) « Qui imperare non poterat et alterum regere, « servire debebat ut à prudentiore regeretur. » (*De Jacob et vitâ beatâ*, lib. II, cap. 3, tom. Ier, Paris, 1642.)

esclaves pour les déclarer indignes de la liberté et incapables d'en user sagement (1).

(1) On entend encore journellement reproduire cette objection. M. Eugène Pelletan y faisait naguère cette éloquente réponse : « Que pouvait être l'esclave « dans une pareille société, dans cette perpétuelle sé- « pulture de son âme sous le linceul de la servitude? « Il retombait du degré divin où la Providence l'avait « placé dans la hiérarchie des êtres ; il s'enfonçait, à « travers la nuit de son intelligence, dans le monde « épais de la bestialité. Il était glouton, perfide, cor- « rompu, corrupteur. Il devenait presque féroce par « excès d'oppression. Il se révoltait, comme dans l'île « de Chio, intervertissait les rôles, réduisait ses maî- « tres en servage, et contraignait la population libre « de dresser un autel au chef de l'insurrection, Dri- « macus, avec cette inscription : *Au héros bienfai-* « *sant!* » (Feuilleton de la *Presse* du 22 avril 1849.) A l'appui de ces judicieuses réflexions, je citerai les deux exemples suivants des horribles excès auxquels l'insolente cruauté des maîtres poussait souvent les esclaves à Rome. Pline le Jeune raconte qu'un personnage prétorien, fils parvenu d'un affranchi, fut assassiné dans son bain par des esclaves qu'il traitait avec orgueil et dureté : « Rem atrocem nec tantùm « epistolà dignam Largius Macedo, vir prætorius, à « servis suis passus est ; superbus alioqui dominus et « sævus, et qui servisse patrem suum parùm, imò ni-

Saint Chrysostome, qui pourtant, dans plusieurs de ses écrits, paraît compatir aux souf-

« miùm, meminisset. Lavabatur in villâ Formianâ : « repentè cum servi circumsistunt; alius fauces invadit, alius os verberat, alius pectus et ventrem atque « etiam (fœdum dictu) verenda contundit; et quum « exanimem putarent, abjiciunt in ferveus pavimen- « tum, ut experirentur an viveret. » (*Epistolarum* lib. III, epistola 14.) Tacite nous apprend qu'un préfet de Rome fut assassiné par un de ses esclaves, à qui il avait manqué de parole pour le prix convenu de son rachat ou dont il était rival d'impudicité. Selon l'exécrable légalité d'alors, tous les esclaves de tout âge et de tout sexe, qui habitaient sous le même toit que l'assassin et dont le plus grand nombre étaient manifestement innocents, durent être traînés au supplice *au nombre de quatre cents*. On s'en émut jusque dans le sein du sénat; mais la majorité y vota pour la mort. Le peuple indigné s'ameuta, et il fallut que Néron échelonnât des troupes tout le long du chemin que devaient suivre ces malheureux pour se rendre au lieu du supplice : « Præfectum urbis, Pe- « danium secundum servus ipsius interfecit, seu ne- « gatâ libertate cui pretium pepigerat, sive amore « exoleti infensus et dominum æmulum non tolerans. « Cæterùm quum, vetere ex more, familiam omnem « quæ sub eodem tecto mansitaverat ad supplicium « agi oporteret, concursu plebis quæ tot innoxios pro-

frances des esclaves et surtout être vivement blessé de l'orgueil et de la dureté des maîtres, n'en vient jamais à se prononcer sur l'illégitimité de l'esclavage. Paraphrasant les recommandations que l'apôtre Paul adresse aux esclaves dans l'*Epître aux Ephésiens*, il y ajoute ces motifs dérisoires de consolation, que *de l'esclavage il n'existe que le nom*, que le pouvoir des maîtres, comme tout ce qui tient à la chair, est *momentané et caduc*, et que *la première noblesse consiste à savoir être au-dessous*

« tegebat, usque ad seditionem ventum est, senatu« que in ipso erant studia nimiam severitatem adsper« nantium, pluribus nihil mutandum censentibus. « Ex quîs C. Cassius, sententiæ loco, in hunc modum « disseruit... Sententiæ Cassii, ut nemo unus contrà « ire ausus est, ità dissonæ voces respondebant nu« merum aut ætatem aut sexum ac plurimorum in« dubiam innocentiam miserantium. Prævaluit tamen « pars quæ supplicium decernebat. Sed obtemperari « non poterat, conglobatâ multitudine et saxa ac fa« ces minitante. Tùm Cæsar populum edicto increpuit, « atque omne iter quo damnati ad pœnam duceban« tur militaribus præsidiis sepsit.» (*Annalium* lib. XIV, §§ 42 et 45.)

des autres, comme si l'espèce d'infériorité où se trouve l'esclave à l'égard de son maître et qui ne lui laisse plus cette direction morale de ses actes sans laquelle on n'est plus véritablement un homme, pouvait se comparer à aucune de ces inégalités et de ces diverses espèces de subordination de rangs et de fonctions que légitiment les nécessités de la vie humaine(1). Je ne sais si les esclaves étaient de son avis et s'ils s'en trouvaient bien soulagés; je crois qu'il les eût réconfortés plus efficacement s'il eût déclaré hautement que l'on commet un des plus grands crimes en possédant un homme comme une chose, et s'il eût usé de l'autorité de son ministère pour sommer les maîtres de rendre leurs esclaves à la liberté.

(1) Ὄνομα δουλείας ἐστὶ μόνον. Κατὰ σάρκα ἐστὶν ἡ δεσποτεία, πρόσκαιρος καὶ βραχεῖα. Ὅπερ γὰρ ἂν ᾖ σαρκικὸν, ἐπίκηρόν ἐστι..... οὐ γὰρ δυσγένεια τὸ πρᾶγμά ἐστιν, ἀλλ' ἡ πρώτη εὐγένεια τὸ εἰδέναι ἐλαττοῦσθαι καὶ μετριάζειν καὶ εἴκειν τῷ πλησίον.... οὐκοῦν διὰ τὸν Χριστὸν δουλεύωμεν τοῖς δεσπόταις. (*Homélie* 22 sur le chapitre 6 de l'*Epître de Paul aux Ephésiens,* tome XI, Paris, 1734.)

Il le devait d'autant plus qu'il assigne à l'esclavage pour origine la cupidité et les brutales violences de la guerre (1).

Saint Augustin, après avoir reconnu qu'en droit naturel nul homme n'est le maître de son semblable, ce qui devait l'amener à conclure l'illégitimité radicale de la servitude, déclare que Dieu l'a justement introduite dans le monde comme peine du péché. Il résulte de son argumentation que ce serait aller contre la volonté même de Dieu que de prétendre abolir l'esclavage. Aussi se garde-t-il bien de réclamer cette abolition, et se contente-t-il, en attendant que la fin du monde vienne supprimer toute domination humaine, de rappeler aux esclaves l'invitation que leur adressait saint Paul (2).

(1) Η πλεονεξία τὴν δουλείαν ἔτεκεν..... εἶτα καὶ πόλεμοι καὶ μάχαι αἰχμαλώτους ἔλαβον. (*Ibidem.*)

(2) « Rationalem factum ad imaginem suam noluit « nisi irrationabilibus dominari, non hominem ho- « mini sed hominem pecori..... Conditio quippè ser-

Saint Isidore, évêque de Séville, défend aux abbés de donner la liberté aux esclaves, qu'il appelle *la chose* des monastères (1).

Saint Bernard, écrivant à l'abbé de Molêmes, lui dit qu'il lui appartient de corriger les esclaves de l'Église confiés à ses soins (2).

« vitutis *jure intelligitur imposita peccatori*. Proindè « nusquam scripturarum legimus servum antequàm « hoc vocabulo Noe justus peccatum filii vindicaret. « Nomen itaque istud culpa meruit non natura... Pri- « ma ergo servitutis causa peccatum est, ut homo « homini conditionis vinculo subderetur, *quod non fit* « *nisi Deo judicante apud quem non est iniquitas*.... « Apostolus etiam servos monet subditos esse dominis « suis, et ex animo eis cum bonâ voluntate servire, « ut scilicet, si non possunt à dominis liberi fieri, « suam servitutem ipsi quodam modo liberam faciant, « *non timore subdolo sed fideli dilectione serviendo*, do- « nec transeat iniquitas et evacuetur omnis principa- « tus et potestas humana. » (*De Civitate Dei*, lib. XIX, « cap. 15, tom. VII, Paris, 1685.)

(1) « Abbati vel monacho monasterii servum non « licebit facere liberum; qui enim nihil proprium ha- « bet, libertatem *rei* alienæ dare non debet. » (*Regula monachorum*, cap. 19, *De familiari vitâ*, Cologne, 1617.)

(2) « Quia et ad te constat pertinere correctionem

Saint Thomas d'Aquin soutient que la nature a destiné certains hommes à être esclaves. Il appuie son assertion sur les diverses relations qui subordonnent les choses les unes aux autres, soit au physique soit au moral, comme si cette subordination pouvait jamais aller jusqu'à supprimer justement les conditions essentielles de notre personnalité et de notre responsabilité; il invoque, en faveur de cette détestable cause, le droit naturel, la loi humaine, *la loi divine* et jusqu'à l'autorité d'Aristote (1).

« illorum utpotè servorum ecclesiæ tibi commissæ, « dignum est ut pro tàm nefariâ præsumptione servi « nequam corripiantur. » (*Epistola* 80 *ad Guidonem*, « *abbatem Molismensem*, tome IV, Paris, 1642.)

(1) « Natura providit ut sint gradus in hominibus « sicut et in aliis rebus : videmus enim in elementis « esse infimum et supremum, videmus etiam in misto « semper esse aliquod prædominans elementum. In « plantis etiam quædam deputata sunt ad humanum « cibum, quædam ad fimum, et eodem modo in ani- « malibus : sed et in homine inter membra corporis « similiter erit. Hoc idem consideramus in relatione

Bossuet, qu'on n'accusera pas d'ignorer la doctrine chrétienne, fait découler de la conquête un prétendu droit de tuer le vaincu, et trouve en conséquence *un bienfait et un acte de clémence* dans le fait de réduire ce vaincu en esclavage. Il invoque l'autorité de saint Paul et les exemples de l'Ancien Testament : « L'ori-« gine de la servitude, dit-il, vient des lois d'une

« corporis ad animam et in ipsis etiam potentiis ani-« mæ in alterutrum comparatis : quia quædam ordi-« natæ sunt ad imperandum et movendum, ut intel-« lectus et voluntas, quædam ad serviendum eisdem « secundùm gradum ipsarum. Ità inter homines erit, « et *indè probatur esse aliquos omninò servos secundùm « naturam*. Ampliùs autem contingit aliquos deficere « à ratione propter defectum naturæ : tales autem « oportet ad opus inducere per modum servile, quia « ratione uti non possunt, et hoc justum naturale vo-« catur. Hæc autem omnia Philosophus tangit in pri-« mo Politicorum. Sunt autem et alii ministri ad « idem deputati officium aliâ ratione, ut in bello de-« victi, quod lex humana non sine ratione sic sta-« tuit... Hoc etiam et lex divina præcepit, ut in Deu-« teronomio patet. » (*De regimine Principum*, lib. II, cap. 10, tome XVII, Rome, 1570)

« juste guerre, où *le vainqueur ayant tout droit* « *sur le vaincu, jusqu'à lui pouvoir ôter la vie*, « il la lui conserve : ce qui même, comme « on sait, a donné naissance au mot de *servi*, « qui, devenu odieux dans la suite, a été dans « son origine un terme de bienfait et de clé- « mence... Toutes les autres servitudes, ou « par vente ou par naissance ou autrement, « sont formées et définies sur celle-là. En « général et à prendre la servitude dans son « origine, l'esclave ne peut rien contre per- « sonne, qu'autant qu'il plaît à son maître. « Les lois disent qu'il n'a point d'état, point « de tête, *caput non habet*, c'est-à-dire que *ce* « *n'est pas une personne* dans l'État ; aucun « bien, aucun droit ne se peut attacher à lui... « De condamner cet état, ce serait entrer « dans les sentiments que M. Jurieu lui- « même appelle outrés, c'est-à-dire dans les « sentiments de ceux qui trouvent toute guerre « injuste ; ce serait non-seulement condamner « le droit des gens où la servitude est admise,

« comme il paraît par toutes les lois, mais « *ce serait condamner le Saint-Esprit qui or-* « *donne aux esclaves, par la bouche de saint* « *Paul* (1 *Cor.*, ch. 7, v. 24; *Eph.*, ch. 6, « v. 7), *de demeurer en leur état, et n'oblige* « *point leurs maîtres à les affranchir*... Si le « droit de servitude est véritable, *parce que* « *c'est le droit du vainqueur sur le vaincu,* « comme tout un peuple peut être vaincu jus- « qu'à être obligé de se rendre à discrétion, « *tout un peuple peut être serf, en sorte que son* « *seigneur en puisse disposer comme de son bien,* « jusqu'à le donner à un autre, sans deman- « der son consentement, ainsi que Salomon « donna à Hiram, roi de Tyr, vingt villes de « la Galilée (1). »

(1) *Avertissements aux Protestants*, etc. 5e *avertissement*, art. 50, tome IV, Paris, 1743. L'origine que Bossuet assigne au mot *servi* est conforme à la définition du droit romain : « *Servi* ex eo appellati sunt « quòd imperatores captivos vendere ac per hoc *ser-* « *vare* nec occidere solent ; qui etiam *mancipia* dicti « sunt eò quòd ab hostibus *manu capiuntur*. » (*Insti-*

Bailly soutient également la légitimité de l'esclavage, et s'étaie de l'autorité du chapitre 21 de l'*Exode* et du chapitre 25 du *Lévitique*, ainsi que des diverses définitions du droit canonique; il prétend qu'un homme a le droit de se vendre, et que la guerre donne le droit de réduire les ennemis à l'état d'esclaves (1). La Théologie de Bailly a été publiée pour la première fois en 1789, à la veille de notre grande révolution. Aussi s'aperçoit-on que, dans cette question de la légitimité de l'esclavage, l'auteur était mal à l'aise et faisait même quelques efforts pour paraître humain.

tutionum lib. I, titul. III, § 2, et *Digestorum* lib. I, titul. V, cap. 4, §§ 2 et 3, *Corpus juris civilis*, tome I, Leipsick, 1829.)

(1) *Theologia dogmatica et moralis*, *De justitiâ et jure*, part. I, cap. 2, art. 1, quær. 3, tom. VIII, Dijon, 1789. Je cite ici avec intention la 1re édition, imprimée sous les yeux de l'auteur; car, dans une édition publiée à Lyon en 1840, tout en laissant subsister le fond de la doctrine de Bailly sur la légitimité de l'esclavage, on s'est permis de tronquer et de défigurer le texte primitif.

Par exemple, il veut qu'on ne se vende que *pour améliorer son sort,* et que la guerre qui fait des esclaves *soit juste;* il invoque seulement l'autorité de l'Ancien Testament, mais non celle du Nouveau. Bien plus, il commence par avouer que la loi naturelle s'oppose à ce qu'un homme devienne la propriété d'un autre homme, et il ne s'aperçoit pas qu'un pareil aveu détruit d'avance tout ce qu'il va dire pour légitimer l'esclavage; car le droit naturel est le droit par excellence, le droit éternel et immuable, et tout autre droit, pour mériter ce nom, doit en être une application et ne pas le contredire. Mais, depuis 1789, nous avons fait du chemin, et les théologiens de nos jours sont bien autrement hardis.

M. Bouvier, évêque du Mans, prend ouvertement sous sa protection la cause de l'esclavage. Il ne le trouve opposé ni au droit naturel, qui permettrait, selon lui, de réduire en esclavage les prisonniers faits à la guerre et les condamnés à mort; ni au droit divin, puisque les livres sacrés ne le prohibent pas, et qu'au contraire l'Ancien Testament (*Exode*, ch. **21**, et *Lévitique*, ch. 25) et le Nouveau Testament (I. *Timot.*, ch. 6) *le permettent;* ni au droit civil, qui l'a permis chez nous à diverses époques dans nos colonies; ni enfin au droit ecclésiastique, qui en parle en divers lieux comme d'une chose *licite*. L'auteur conclut nettement que la religion chrétienne, qui a trouvé l'esclavage établi partout, *ne l'a pas défendu* (1). Parlant ensuite de la traite des nègres, il la déclare permise, à condition que

(1) *Institutiones theologicæ*, cap. 2, art. 1, § 3, tom. VI, Paris, 1836. Voici quelques extraits de cet ouvrage, qui sert de base à l'enseignement théologique de plusieurs séminaires :

« Homo perfectum habere potest dominium in al-« terum hominem, adeò ut licitè possit eum emere, « vendere vel illo ad laborandum uti... Si jus divi-« num servitutem improbaret, lex illa reperiretur in « veteri vel in novo testamento : at in neutro reperi-« tur : *imò in utroque supponitur servitutem esse legiti-« mam*, in veteri (*Exod.* 21 et *Levit.* 25), in novo au-« tem (I *Timoth.* 6, 1); ergò, etc... Religio christiana

les nègres seront *justement* privés de leur liberté, qu'on les traitera humainement et qu'*il n'y aura point de fraude dans le marché*. Ces conditions posées, il prétend que ce trafic n'est opposé ni à l'humanité ni à la religion ni à l'équité naturelle (1).

« invenit servitutem ubiquè existentem, *illam non* « *prohibuit*. »

Une secte de mahométans, celle des Erika, avait eu la générosité de proposer, dès le XVIIIe siècle, d'affranchir les captifs français, espagnols, portugais, italiens et anglais, retenus en esclavage sur le territoire de la régence d'Alger. Voici comment Franklin, parodiant un discours prononcé au congrès américain par un des représentants de la Géorgie, fait défendre la légitimité de l'esclavage par un membre du divan, Sidi Méhémet Ibrahim : «How grossly are they mis- « taken to suppose slavery to be disallowed by the « Alcoran! Are not the two precepts, to quote no « more, *Masters, treat your slaves with kindness; sla-* « *ves, serve your masters with cheerfulness and fidelity*, « clear proofs of the contrary? » (*On the slave-trade*, The works of Benjamin Franklin, volume II, Boston, 1836.)

(1) « 1° Non humanitati; solummodò enim usus vi- « tæ et membrorum venditur : porrò usus vitæ et

La même doctrine est professée dans la *Théologie* de M. l'abbé Lyonnet; on y ren-

« membrorum sub dominio hominis cadere potest: ergò. 2° Non religioni, siquidem nigri sub christianis « in servitutem redacti *veram religionem faciliùs edo-* « *ceri possunt quàm si liberi in regione suâ mansissent.* « 3° Non æquitati naturali; nam juxtà hypothesim « nostram *venduntur ab iis qui potestatem* habent eos « vendendi, et minimè repugnat alios esse dominos « alios verò servos. » (*Ibidem.*) Ce sont encore là des arguments que n'eût pas désavoués Sidi Méhémet. Le second semble même traduit de ces paroles du zélé musulman : « Here they are brought into a land « where the sun of islamism gives forth its light, and « shines in full splendor, and they have an opportu- « nity of making themselves acquainted with the true « doctrine, and thereby saving their immortal souls. « Those who remain at home have not that happi- « ness. » (*On the slave-trade, Ibidem.*) C'était aussi un des arguments favoris d'un docteur très-chrétien, auteur anonyme d'un livre écrit tout exprès pour justifier l'esclavage et la traite des nègres en particulier. Ecoutez ce pieux langage : « Je ne doute point que « Dieu, qui dispose par sa providence de tous les évé- « nements en faveur de ses élus, n'ait permis l'acqui- « sition de nos colonies où les esclaves sont absolu- « ment nécessaires faute d'hommes libres, *pour le bien* « *de quelques élus qu'il s'est réservés sur la côte de Gui-*

contre les mêmes arguments et presque les mêmes expressions (1).

Dans un livre publié par l'abbé Fourdinier, supérieur du séminaire du Saint-Esprit, et destiné à l'enseignement chrétien dans les colonies françaises, la distinction entre les maîtres et les esclaves est consacrée en plusieurs endroits où il est question de leurs obligations réciproques, et ce livre n'exprime pas seulement l'opinion personnelle des prêtres

« *née*, et il est entièrement à souhaiter que ceux qui « en font la traite, *entrent dans les vues de la Provi-* « *dence et y concourent*, sans se borner, comme ils ne « font peut-être que trop, à des vues de pur inté- « rêt. » (*Dissertation sur la traite et le commerce des nègres*, 1764, sans indication du lieu de l'impression, *troisième lettre*, signée seulement des initiales J. B.) Voilà une profession de foi qui a le mérite d'être plus franche et plus logique que celles des chrétiens dégénérés, qui, ignorant les principes essentiels de leur religion et donnant un démenti à tous les faits de l'histoire, soutiennent aujourd'hui que le christianisme a aboli l'esclavage.

(1) *De justitiâ et jure*, part. I, cap. I, art. 3, quær. 3, Lyon, 1842.)

qui s'en servaient pour leur enseignement religieux, mais il exprime aussi l'opinion des théologiens de la sacrée Propagande romaine, qui l'ont revêtu de leur approbation (1).

Plus récemment encore, l'abbé Rigord, curé de Fort-Royal à la Martinique, dans un écrit publié avec l'approbation de son préfet apostolique, a soutenu la légitimité de l'esclavage et de la traite des nègres (2).

Dans les églises et les temples des pays américains à esclaves, des ministres de l'Évangile, catholiques et protestants, naguère encore soutenaient la légitimité de l'esclavage, en s'appuyant sur ces mêmes textes soit de l'Ancien et du Nouveau Testament, soit des doc-

(1) *Catéchisme ou abrégé de la doctrine chrétienne, à l'usage des paroisses des colonies françaises, approuvé par la sacrée Propagande*, 2e partie, ch. II, art. 3 et 4, Paris, 1835.

(2) *Observations sur quelques opinions relatives à l'esclavage, émises à la Chambre des Pairs, à l'occasion de la discussion de la loi du* 18 *juillet* 1845 *sur le régime des esclaves aux colonies.*

trines théologiques, que je viens de citer. Et ces ministres, il faut bien en convenir, étaient plus conséquents que ceux de leurs candides coreligionnaires qui, la Bible à la main et ses divers préceptes sans cesse à la bouche, réclamaient l'émancipation de la race nègre (1), plus conséquents aussi que les chrétiens qui, de ce côté de l'Atlantique, attribuent au christianisme le mérite de la prétendue abolition de l'esclavage.

On le voit donc, définitivement perdue au tribunal de la raison, la cause de l'esclavage peut encore se réfugier auprès du tribunal des docteurs chrétiens les plus soucieux de tirer les conséquences de leurs propres principes.

Le droit canonique, invoqué par les théologiens que je citais tout à l'heure, déclare

(1) Je citerai particulièrement l'auteur, d'ailleurs très-méritant, d'un livre qui a joui récemment d'une juste faveur, *Uncle Tom's Cabin*, by Harriet Beecher Stowe, Londres, 1852.

que l'autorité ecclésiastique n'a point voulu porter atteinte aux *droits des maîtres sur leurs esclaves* (1).

Dans aucun temps, pas même dans les trois premiers siècles, époque de lutte et d'humilité et par conséquent de foi vive et de zèle ardent, le christianisme n'a condamné directement l'esclavage comme une chose radicalement mauvaise et à laquelle il fallût mettre immédiatement un terme. C'est un fait que nos adversaires eux-mêmes sont obligés d'avouer.

« Pendant ces trois premiers siècles, dit « M. Édouard Biot, époque de persécution et « de tolérance alternative pour le christianisme, « *nul, parmi ses défenseurs ou ses ennemis, ne* « *parle de la suppression de l'esclavage, comme* « *conséquence de la doctrine nouvelle*... Les « Pères de l'Église comme les apôtres pres-

(1) « Ecclesia tollere noluit jura dominorum in ser-« vos. » (*Institutiones juris canonici*, lib. IV, titul. 13, Paris, 1727.)

« crivent la soumission même aux maîtres in-
« fidèles (1). »

M. Granier de Cassagnac range parmi *les préjugés historiques et philosophiques de notre siècle* l'opinion des personnes qui *veulent que Jésus-Christ soit expressément venu abolir l'esclavage et proclamer l'égalité des hommes*, et il ajoute que le *christianisme a toujours justifié et maintenu l'esclavage* (2). La conclusion qui dé-

(1) *De l'abolition de l'esclavage ancien en Occident*, IIe partie, 3e section ; et IIIe partie, 1re période, ch. IV, Paris, 1840.

(2) *Voyage aux Antilles*, IIe partie, ch. XV, *Idées du christianisme sur l'esclavage*, § 1er, Paris, 1844.

En citant ces deux auteurs comme nos adversaires, je ne les mets pas sur la même ligne. M. Edouard Biot est de ces chrétiens qui voudraient bien être en même temps un peu philosophes, qui reconnaissent l'illégitimité de l'esclavage, et qui, tout en avouant que la doctrine chrétienne ne l'a point condamné directement, lui attribuent l'intention de l'abolir et le mérite d'y avoir réussi. M. Granier est de ces chrétiens tout d'une pièce qui professent une haine énergique pour la philosophie, qui ne voient rien de radicalement mauvais dans l'esclavage et qui avouent

coule naturellement de ces aveux est accablante : aussi les apologistes chrétiens se mettent-ils l'esprit à la torture pour y échapper. Les deux auteurs que je viens de citer s'efforcent de voir une preuve de haute sagesse dans cette absence même de décision

bravement que le christianisme ne s'est nullement proposé de l'abolir et qu'il l'a au contraire justifié et maintenu. Loin donc de complimenter faussement le christianisme d'avoir fait ce qu'il n'a pas fait, ils le louent de ne l'avoir pas fait. Ces derniers adversaires sont, comme on voit, plus nets et plus logiciens que les premiers : aussi notre tâche avec eux est-elle beaucoup plus simple; car nous sommes dispensés de chercher à les attirer à nous, du moment qu'ils déclarent ne vouloir être philosophes en aucune mesure. Le livre de M. Granier semble avoir spécialement pour but de réhabiliter l'esclavage. On peut voir en particulier, dans la 1re partie (Paris, 1842), le chapitre IX, intitulé *les Noirs*, où il décrit la condition des esclaves d'alors aux Antilles françaises comme un vrai paradis. Si ce n'est pas en soi une idée très-heureuse que de célébrer les douceurs de l'esclavage, on est obligé de convenir au moins qu'une pareille entreprise, en plein XIXe siècle, ne manque pas d'un certain courage.

contre l'esclavage. M. Biot revient souvent sur cette explication : « *Le christianisme*, dit-il, « *fait ce qu'il doit ; il prend l'ordre politique de* « *la société comme une condition donnée à la-* « *quelle il faut se soumettre ;* il admet comme « un fait l'esclavage temporel... Bien que les « lois sur l'esclavage subsistassent dans toute « leur intégrité, l'esclavage personnel, déjà « bien modifié, bien effacé par la dégradation « des Romains, s'anéantissait insensiblement « sous l'action morale du christianisme. *Cette* « *marche était la seule qui pût réussir pour ré-* « *générer la société humaine.* Car, avant de « supprimer les esclaves, *il fallait que la so-* « *ciété fût intellectuellement et moralement digne* « *de ce perfectionnement, et toute autre marche* « *plus rapide n'eût fait que renouveler les excès* « *des révoltés de Sicile et des compagnons de* « *Spartacus...* Dans l'occident de l'Europe, « comme dans l'empire d'Orient, l'influence « du christianisme pour la suppression de « l'esclavage a été toute morale, et elle ne

« pouvait être différente. *Le christianisme ne « pouvait inscrire la nécessité de l'abolition de « l'esclavage au nombre des lois et troubler ainsi « tout l'ordre social* (1). »

Sophismes que tout cela ! Non, le christianisme ne fait pas ce qu'il doit, en prenant l'ordre politique comme une condition à laquelle il doive se soumettre, si cet ordre politique est fondé sur des institutions immorales. La doctrine chrétienne n'est-elle pas donnée par ceux qui l'enseignent pour une doctrine émanant directement de Dieu, et non pour une doctrine humaine? Or un législateur religieux peut-il tenir pour respectables des désordres sociaux qu'il a précisément pour but de faire cesser, et ne faut-il pas qu'il définisse nettement ce qui est bien et ce qui est mal, et qu'il prescrive de faire l'un et d'éviter l'autre? Peut-il admettre à cet égard des ménagements, des accommodements, comme le fait le législ-

(1) IIe partie, 3e section, et V[e] partie, *Considérations préliminaires*.

lateur humain dont la science, la moralité et la puissance sont si bornées, et qui, n'étant chargé de légiférer que pour un temps et des circonstances données, se croit obligé de tenir compte de ces circonstances et de recourir à des demi-mesures et à des atermoiements? En raisonnant ainsi, on fait une œuvre purement mondaine d'une œuvre qu'on donnait pour divine; bien plus, on ravale Dieu au niveau de ces législateurs, qui, sous prétexte d'attendre que *les sociétés soient dignes des perfectionnements* qu'elles réclament, ne sont jamais pressés de les *régénérer*, qui ont toujours peur de *marcher trop rapidement* dans la voie du progrès, et qui, différant toujours d'*inscrire au nombre des lois* les mesures les plus justes et les plus urgentes, de crainte de *troubler l'ordre social*, ne s'aperçoivent pas que ce sont leurs frayeurs mêmes qui engendrent les *Spartacus* et font naître ces *révoltes* qu'ils avaient pour mission de prévenir en en supprimant les très-légitimes causes.

CHAPITRE II

LA RELIGION CHRÉTIENNE N'A POINT ABOLI DE FAIT L'ESCLAVAGE

Si la religion chrétienne ne condamne point en principe l'esclavage, l'a-t-elle au moins aboli de fait? C'est ce que nous allons voir maintenant.

L'histoire dit que l'esclavage a continué d'exister chez les nations modernes, non pas seulement lorsque le christianisme a commencé à y pénétrer, mais lorsqu'il y a été solidement établi et exclusivement dominant. Et cet état de choses n'était pas seulement toléré, mais continué et protégé par les princes chrétiens et les conciles, qui étaient alors tout puissants pour en décréter l'abolition. Je vais citer des faits, après avoir averti qu'à mes yeux ce qu'il y a de criminel dans l'esclavage proprement dit se retrouve, malgré les différences qui peuvent exister d'ailleurs, dans ce servage, soit barbare soit féodal, que le moyen âge, si attaché à la foi chrétienne, étendit sur l'Europe comme un crêpe funèbre dont les derniers lambeaux se voient encore aujourd'hui dans plusieurs contrées du Nord. Non-seulement l'autorité ecclésiastique ne condamnait pas, mais elle exploitait elle-même ce servage : les prélats avaient leurs serfs non moins que les princes séculiers, les abbés tout aussi bien que les barons, les moines comme les gentillâtres (1).

(1) « Servi *ecclesiastici* appellati ii qui ad Ecclesiam « pertinebant. » (Ducange *Glossarium mediæ et infimæ latinitatis*, article *Servus*, tome VI, Paris, 1736.)

« Nos rois avaient en France des hommes esclaves « dans les villes de leur domaine : les comtes, les ba-

Sous les premiers rois de la troisième race, les deux tiers des habitants de la France étaient serfs. Le servage était souvent aussi dur que l'esclavage ancien. Cependant, comme le serf n'était ordinairement vendu ou donné qu'avec la glèbe à laquelle il était attaché, sa condition était, à certains égards, moins mauvaise que celle de l'ancien esclave. Je dis qu'il n'était *ordinairement* vendu ou donné qu'avec la glèbe. Les cas où il en était détaché et où il était aliéné séparément sont nombreux. Mais quand il n'en existerait aucun exemple, il n'en demeurerait pas moins évident que le possesseur en disposait comme d'une chose. Or c'est cette

« rons, les évêques, les abbés et autres ecclésiastiques « y avaient aussi leurs hommes serfs, qu'ils donnaient, « vendaient ou échangeaient à leur volonté. » (De la Roque, *Traité de la Noblesse*, ch. 13, Rouen, 1710.)

« Vous avez vu que, dès les premiers temps, même « sous les empereurs payens, les églises avaient des « immeubles et que les évêques avaient en propriété « toutes sortes de biens, *même des esclaves.* » (L'abbé Fleury, 4e *Discours sur l'histoire ecclésiastique,* tome XVI, Paris, 1712.)

possession de l'homme par l'homme, possession persistant dans le servage comme dans l'esclavage proprement dit, qui est un fait aussi essentiellement criminel dans l'un que dans l'autre. Si l'on veut au reste considérer comme un progrès la substitution du servage à l'esclavage primitif, ce n'est point au christianisme qu'il faut en attribuer le mérite, mais à l'invasion des peuplades germaines, chez lesquelles le système des redevances imposées par le maître au cultivateur attaché à une terre était en usage, ainsi que nous le voyons dans un passage de Tacite (1). Il y avait déjà assez longtemps que le système du servage était établi dans plusieurs contrées de l'Europe occidentale par les diverses tribus d'origine ger-

(1) « Cæteris servis, non in nostrum morem des- « criptis per familiam ministeriis, utuntur. Suam « quisque sedem, suos penates regit. Frumenti mo- « dum dominus aut pecoris aut vestis, ut colono « injungit, et servus hactenùs paret. Cætera domûs « officia uxor ac liberi exsequuntur. » (*De moribus Germanorum*, XXV.)

manique, lorsque les empereurs chrétiens Anastase et Justinien l'appliquèrent aussi aux peuples soumis à leur domination (1), en décrétant que les colons, autres que les esclaves proprement dits, qui auraient cultivé une terre, sous le nom d'*ascriptices*, pendant trente ans consécutifs, y seraient par ce fait seul attachés à perpétuité, eux et leur postérité, et en ajoutant à cette mesure tyrannique cette cruelle dérision, que les colons ainsi immobilisés par prescription et désormais enchaînés au sol qu'ils avaient précédemment cultivé comme fermiers ou métayers et en vertu de conventions librement consenties, continueraient de

(1) Ajoutons qu'il résulte du texte suivant de Marcien, que le principe de la constitution féodale qui attachait l'esclave à la glèbe, aurait déjà reçu un commencement d'application dès le temps de Marc-Aurèle et de Commode : « Si quis inquilinos sine « prædiis quibus adhærent legaverit, inutile est lega- « tum ; sed an æstimatio debeatur, ex voluntate « defuncti statuendum esse divi Marcus et Commodus « descripserunt. » (*Digestorum* lib. 30, titul. I, art. 112, *Corpus juris civilis*, tome I, Leipsick, 1829.)

s'appeler *libres* (1). La transformation de l'esclavage en servage ne s'est pas opérée soudainement et partout à la même époque ; elle s'est au contraire opérée lentement et à des époques

(1) Αὐτοκράτωρ Ἀναστάσιος. Τῶν γεωργῶν οἱ μὲν ἐναπόγραφοι εἰσι, καὶ τὰ τούτων πεκούλια τοῖς δεσπόταις ἀνήκει, οἱ δὲ χρόνῳ τῆς τριακονταετίας μισθωτοὶ γίνονται, ἐλεύθεροι μένοντες μετὰ τῶν πράγματων αὐτῶν καὶ οὗτοι δὲ ἀναγκάζονται καὶ τὴν γῆν γεωργεῖν, καὶ τὸ τέλος παρέχειν· τοῦτο δὲ καὶ τῷ δεσπότῃ καὶ τοῖς γεωργοῖς λυσιτελές. (*Codex repetitæ prælectionis*, *lib.* XI, *titul.* 48, *art.* 19, tome II du *Corpus juris*, Leipsick, 1837.) « Imperator Justinianus Joanni, « Præf. P... Quum autem anastasiana lex homines « qui per triginta annos colonariâ detenti sunt condi« tione voluerit *liberos quidem permanere non autem* « *habere facultatem, terrâ derelictâ, in alia loca mi*« *grare*, et ex hoc quærebatur si etiam liberi eorum « cujuscumque sexûs, licet non per triginta annos « fuerint in fundis vel vicis, deberent colonariæ esse « conditionis, aut tantummodò genitor eorum qui « per triginta annos hujusmodi conditioni illigatus « esset? Sancimus liberos colonorum esse quidem in « perpetuum secundùm præfatam legem *liberos* et « nullâ deteriore conditione prægravari, non autem « habere licentiam, relicto suo rure, ad aliud migra« re, *sed semper terræ inhæreant* quam semel colen« dam patres eorum susceperunt. » (*Ibidem*, art. 23.)

différentes dans les diverses contrées du monde chrétien. Ce travail s'est fait sourdement pendant plusieurs siècles, généralement du sixième au dixième. Mais il est très-difficile et souvent impossible de rien préciser à cet égard, soit parce que les documents nous manquent, soit parce que ceux qui nous sont parvenus et qui sont presque tous écrits en latin, se servant ordinairement, pour désigner les serfs, des mêmes mots *servus*, *mancipium*, *ancilla*, qui précédemment désignaient les esclaves, contribuent à entretenir l'incertitude qu'ils devaient dissiper. Après le dixième siècle même, on trouve encore de nombreux et manifestes exemples de l'esclavage antique, sans parler de celui que des chrétiens devaient plus tard aller établir avec redoublement d'atrocité sur le nouveau continent. Mais ce qu'il importe ici de bien constater et ce que j'espère mettre en évidence, c'est que, depuis l'apparition du christianisme, la criminelle possession de l'homme par l'homme, sous quelque forme qu'elle ait existé, esclavage ou servage, non-seulement n'a pas été répudiée par les chrétiens, mais a été constamment acceptée et exploitée par eux et plus particulièrement par leurs chefs, soit temporels soit spirituels. Mais j'arrive aux faits. En suivant l'ordre chronologique, j'en choisirai quelques-uns entre des milliers d'autres semblables que l'on peut voir dans les divers monuments que j'indiquerai.

Et d'abord, pendant les premiers siècles, où les chrétiens nouvellement convertis n'étaient que tolérés quand ils n'étaient pas persécutés, époque où leur foi était dans sa plus grande ferveur et où ils avaient intérêt à se montrer supérieurs aux payens en fait d'humanité et de moralité, les voit-on refuser de posséder des esclaves? Nullement. Ils continuent d'en avoir comme avant leur conversion. En voici une preuve irrécusable. Dans la seconde moitié du deuxième siècle, Athénagoras adressait à l'empereur Marc-Aurèle et à son fils Commode une apologie des chrétiens. Or, au milieu des éloges qu'il décerne à ses coreligionnaires, il repousse les calomnies payennes dont ils étaient l'objet, en invoquant le silence de leurs esclaves, et nous apprend ainsi qu'ils en possédaient (1). Il ne pense pas à les en blâmer, et cela n'a rien qui doive nous étonner, puisque, selon l'aveu de M. Biot, que je relatais tout à l'heure, personne parmi eux ne parlait alors de la *suppression de l'esclavage comme conséquence de la doctrine nouvelle*. Mais, puisque, selon l'explication du même auteur, ils ne consentaient à garder leurs esclaves que pour ne pas troubler *l'ordre social*, établi et maintenu par l'autorité payenne encore subsistante, ils vont être à leur aise pour donner carrière à leur générosité lorsque le christianisme sera monté sur le trône. Venons donc à ces heureux temps.

(1) Καίτοι καὶ δοῦλοι εἰσιν ἡμῖν, τοῖς μὲν καὶ πλείους τοῖς δὲ ἐλάττους· οὓς οὐκ ἔστι λαθεῖν. Ἀλλὰ καὶ τούτων οὐδεὶς καθ' ἡμῶν τὰ τηλικαῦτα οὐδὲ κατεψεύσατο. (Πρεσβεία περὶ χριστιανῶν, Leipsick, 1685.)

Le concile de Gangres, tenu vers 324, anathématise (canon 3) ceux qui détournent les esclaves de servir leurs maîtres avec cette bienveillance et ce respect que recommandait saint Paul (1).

Constantin, ce premier empereur chrétien, qui se baignait dans le sang de sa propre famille, permet aux maîtres, par un rescrit de l'année 319, de frapper leurs esclaves avec des verges ou des courroies, et de les charger de chaînes, dût la mort s'ensuivre ; il leur défend seulement de les tuer violemment et d'un seul coup (2). L'empereur payen Antonin s'était

(1) Εἴ τις δοῦλον προφάσει θεοσεβείας διδάσκοι καταφρονεῖν δεσπότου καὶ ἀναχωρεῖν τῆς ὑπηρεσίας καὶ μὴ μετ' εὐνοίας καὶ πάσης τιμῆς τῷ ἑαυτοῦ δεσπότῃ ἐξυπηρετεῖσθαι, ἀνάθεμα ἔστω. (*Collection des Conciles*, tome II, Paris, 1644.)

(2) « Si virgis aut loris dominus servum afflixerit « aut custodiæ causâ in vincula conjecerit, dierum « distinctione sive interpretatione depulsâ, nullum « criminis metum *servo mortuo* sustineat. Nec verò « immoderatè *suo jure* utatur : sed tunc reus homici« dii sit, si voluntate eum ictu fustis aut lapidis occi« derit, vel certè telo usus lethale vulnus inflixerit,

montré plus généreux envers les esclaves. Il n'attendait pas, pour faire intervenir le magistrat, que les maîtres les eussent tués dans un accès de brutale colère ou avec ce luxe d'atrocités dont le rescrit de Constantin donne les détails ; il empêchait, ce qui n'était pas moins criminel peut-être, qu'on les fît mourir lentement et à petit feu sous les mauvais traitements de chaque jour. Ulpien nous a conservé le texte d'un rescrit par lequel il enjoint au proconsul Élius Marcianus de protéger les esclaves qui auraient à se plaindre des sévices de leurs maîtres (1). Il n'est pas jusqu'à l'em-

« aut suspendi laqueo præceperit, vel jussione tetrâ « præcipitandum esse mandaverit, aut veneni virus « infuderit, vel dilaniaverit pœnis publicis corpus, « ferarum unguibus latera persecando, vel exurendo « oblatis ignibus membra aut tabescentes artus atro « sanguine permixtâ sanie defluentes, propè in ipsis « adegerit cruciatibus vitam relinquere sævitiâ immanium barbarorum. » (*Codex repetitæ prælectionis*, lib. IX, titul. XIV, *ad Bassum*, tome II du *Corpus juris*, Leipsick, 1837.)

(1) « Ne auxilium contrà sævitiam vel famem vel

pereur Claude qui ne se soit aussi montré plus généreux que Constantin envers les esclaves. Un historien, qui lui reproche avec raison sa cruauté, nous apprend qu'il rendait à la liberté les esclaves malades que leurs maîtres, pour se dispenser de leur donner des soins, exposaient dans l'île d'Esculape, et qu'il déclarait coupables de meurtre les maîtres qui, recourant à un moyen encore plus expéditif de se débarrasser du devoir de guérir leurs esclaves infirmes, préféraient les tuer (1).

« intolerabilem injuriam denegetur his qui justè de-
« precantur. Ideòque cognosce de querelis eorum
« qui ex familiâ Julii Sabini ad statuam confugerunt,
« et si vel duriùs habitos quàm æquum est, vel infa-
« mi injuriâ affectos cognoveris, venire jube ità ut in
« potestatem domini non revertantur. » (*Digesta*, lib. I, titul. VI, art. 2, tome I du *Corpus juris*, Leipsick, 1829.)

(1) Cùm quidam ægra et affecta mancipia in insu-
« lam Æsculapii tædio medendi exponerent, omnes
« qui exponerentur liberos esse sanxit, nec redire in
« ditionem domini si convaluissent : quod si quis ne-
« care quem mallet quàm exponere, cædis crimine
« teneri. » (Suétone, *Claudius*, art. 25.)

Dans un rescrit de 329, Constantin permet ce qu'avaient défendu les empereurs payens Dioclétien et Maximien, de vendre un enfant au moment de sa naissance, avec faculté de le racheter ou de fournir en échange un autre esclave (1). Dans un autre rescrit de 331, il attribue à celui qui a ramassé un enfant exposé un droit de propriété, condamnant par là cet être innocent à l'esclavage et punissant sur lui le crime de son père ou de son maître (2). Ici encore l'empereur chrétien s'était

(1) « Si quis à sanguine quoquo modo legitimè *com-* « *paraverit* vel nutriendum putaverit, obtinendi ejus « *servitii* habeat potestatem, ità ut si quis post seriem « annorum ad libertatem eum repetat vel servum de- « fendat, ejusmodi alium præstet aut pretium quod « potest valere exsolvat. Qui enim pretium com- « petens *instrumento confecto* dederit, ità debet firmi- « ter possidere. » (*Codex Theodosianus*, lib. V, tit. VIII, « *De his qui sanguinolentos*, etc., Paris, 1586.)

(2) « Quicumque puerum vel puellam projectam de « domo patris vel domini voluntate scientiâque colle- « gerit, ac suis alimentis ad robur provexerit, eum- « dem retineat sub eodem statu quem apud se recol- « lectum voluerit agitare, hoc est sive filium sive *ser-*

laissé dépasser, en fait de justice, par un empereur payen, par Trajan, qui, consulté sur cette question, s'était opposé à ce que ces malheureux enfants fussent réduits en esclavage (1). A ce propos, je citerai un triste exemple de l'influence des préventions religieuses. M. Troplong, comparant à cette décision de Trajan celles de Constantin de 329 et 331, donne la préférence à ces dernières. « On serait « tenté, dit-il, de croire au premier coup « d'œil que Constantin aurait été moins équi-

« *vum* eum esse maluerit, omni repetitionis inquietu-« dine penitùs submovendâ eorum qui servos aut « liberos scientes propriâ voluntate domo recens na-« tos abjecerint. » (*Ibidem*, titul. VII, *De expositis*.)

(1) « Quæstio ista, quæ pertinet ad eos qui, liberi « nati, expositi deindè sublati à quibusdam et in ser-« vitute educati sunt, sæpè tratacta est : nec quid-« quam invenitur in commentariis eorum Principum « qui antè me fuerunt quod ad omnes provincias sit « constitutum... Et ideò nec assertionem denegan-« dam iis qui ex ejusmodi causâ in libertatem vindica-« buntur puto, neque ipsam libertatem redimendam « pretio alimentorum. » (*Plinii Cæcilii Secundi Epistolæ*, lib. X, n° 72, *Trajanus Plinio*.)

« table que Trajan, qui voulait qu'aucune fin « de non-recevoir ne fît obstacle à la liberté « de l'enfant exposé. Mais, en y réfléchissant, « on ne tarde pas à reconnaître que c'est en- « core par humanité que Constantin fut plus « sévère que ses prédécesseurs. Après avoir « offert aux parents l'appât des secours pu- « blics, il voulut agir sur le cœur des pères « et les effrayer par la perte de la puissance « paternelle; il crut en outre que l'acheteur « et le nourricier devaient être encouragés par « l'intérêt privé, afin d'être plus enclins à don- « ner des secours à la pauvre créature que son « père avait rejetée et offerte à la mort. Il jugea « prudemment qu'entre le sacrifice de la vie « et le sacrifice de la liberté, il fallait choisir le « moindre mal, et qu'il valait mieux assurer « l'existence de l'enfant que de risquer de la « compromettre en se montrant trop jaloux de « sa liberté (1). » Que d'erreurs dans ce peu de

(1) *De l'influence du christianisme sur le droit civil des Romains*, ch. IX, Paris, 1843.

mots, et quel abus du langage! C'est *par humanité* que Constantin condamne à l'esclavage de pauvres enfants abandonnés! *Il voulut agir sur le cœur des pères et les effrayer par la perte de la puissance paternelle!* Est-ce que les pères dont il s'agit ici tiennent à conserver leur puissance paternelle sur des êtres qu'ils jettent à la voirie comme des animaux immondes? Est-ce qu'il vous est permis, à vous, membre d'une cour suprême, d'ignorer que des hommes arrivés à ce degré de perversité s'estiment heureux qu'on les débarrasse de l'exercice d'un pareil droit, et ne voyez-vous pas que ce serait par des peines directes et bien autrement efficaces qu'il faudrait les *effrayer*, en supposant que le but du législateur fût d'effrayer le coupable plutôt que de l'amender, de punir le mal plutôt que de supprimer ou d'atténuer les causes qui l'ont fait naître? *Il crut que l'acheteur et le nourricier devaient être encouragés par l'intérêt privé, afin d'être plus enclins à donner des secours à la pauvre créature!* Noble bienfaisance que celle qui excite à nourrir des enfants comme on élève des chevaux pour les conduire à la foire, et qui, pour porter les hommes à secourir les faibles et les malheureux, fait appel non plus aux motifs désintéressés, mais à ceux que suggère la cupidité ! On sait en effet combien l'intérêt privé est fécond en vertus, comme il dispose l'âme aux sentiments tendres, sympathiques et généreux, et que d'actes de dévouement il inspire ! *Il jugea prudemment qu'entre le sacrifice de la vie et le sacrifice de la liberté, il fallait choisir le moindre mal, et qu'il valait mieux assurer l'existence de l'enfant que de la compromettre en se montrant trop jaloux de sa liberté !* Tout cela était au contraire aussi imprudent qu'inhumain. L'alternative qu'on suppose ici est une pure fiction ; car il y a, pour protéger la vie d'enfants abandonnés, d'autres moyens que le sacrifice de leur liberté. Cette législation devait même encourager les expositions et par conséquent multiplier les dangers de mort des enfants, soit en donnant à des pères dénaturés la certitude que leur crime n'encourrait aucune peine positive et présente, soit en leur faisant espérer qu'il se rencontrerait des éleveurs de bétail humain, ayant intérêt à recueillir leur progéniture. En paraissant interdire l'exposition des enfants, Constantin la permettait donc en réalité, et c'était ce que la loi de Rome n'avait jamais fait sous ses prédécesseurs payens. Lorsque Montesquieu disait : « On ne trouve aucune loi romaine qui per« mette d'exposer les enfants (1) », il aurait donc dû ajouter : *Avant les premiers empereurs chrétiens.* Enfin il n'est pas vrai que la *vie* d'un homme qui se voit dépouillé de la direction et de la responsabilité morale de ses actes, que la *vie* de l'esclave soit préférable à la liberté. Une existence dont la partie la plus élevée et la plus réelle a été ainsi retranchée, n'est plus une vie ; c'est une mort cent fois pire que ce que l'on appelle de ce nom.

(1) *Esprit des lois*, livre XXIII, ch. XXII, tome II, Paris, 1838.

Dans un rescrit de 332, relatif au cas de contestation entre deux personnes qui revendiquent la propriété d'un esclave accusé d'avoir pris la fuite, Constantin ordonne, comme *moyen de découvrir la vérité*, de soumettre ce malheureux à la torture (1). Loin de penser à relever les esclaves de leur dure condition, il y ajoute le poids d'une insultante flétrissure. Dans un rescrit de 336, qui a pour objet de défendre, sous peine d'infamie, aux sénateurs et aux autres dignitaires de légitimer les enfants qu'ils auraient eus de femmes de conditions basses ou méprisées, ce qui n'était pas déjà très-moral, puisqu'il est évident que des

(1) « Cùm servum quispiam repetit fugitivum, et « alius, evitandæ legis gratiâ quæ in occultantes man- « cipia certam pœnam statuit, *proprietatem* opponit « vel in vocem libertatis eum animaverit, illicò *ne- « quissimus verbero* super quo ambigitur *tormentis sub- « jiciatur* ut apertâ veritate disceptationis terminus « fiat : quod non solùm utrisque jurgantibus proderit, « sed etiam servorum animos à fugâ poterit deter- « rere. » (*Codex repetitæ prælectionis*, lib. VI, titul. I, art. 6, *ad Tyberianum*, tome II du *Corpus juris*.)

enfants ne doivent pas porter la peine des torts qu'auraient pu avoir leurs parents, il énumère en première ligne les femmes esclaves ou affranchies et leurs filles avec les actrices, les cabaretières, les filles de gladiateurs ou de ceux qui tiennent des maisons de débauche (1). Enfin il distribue des terres à ses soldats avec un certain nombre d'esclaves et de bêtes de somme, après qu'il a fait profession publique de christianisme. Qu'on vienne maintenant le louer de l'affranchissement purement politique des esclaves faits par son ennemi Maxence! Qu'on ose vanter la mansuétude de la défense qu'il fait aux Juifs d'avoir des esclaves chrétiens, quand il laisse les chrétiens posséder

(1) « Placet maculam subire infamiæ et alienos à « romanis legibus fieri, si *ex ancillâ vel ancillæ filiâ* « *vel libertâ vel libertæ filiâ*, vel scenicâ vel scenicæ « filiâ, vel tabernariâ vel tabernariæ filiâ, vel humili « vel abjectâ personâ, vel lenonis aut arenarii filiâ, « vel quæ mercimoniis publicè præfuit, susceptos « filios in numero legitimorum habere voluerint. » (*Ibidem*, lib. V, titul. XXVII, art. 1, *ad Gregorium.*)

paisiblement des esclaves juifs ou payens ou même chrétiens! Qu'on lui fasse un mérite de ce qu'il ordonne qu'un maître qui voudra affranchir son esclave, au lieu d'aller comme auparavant trouver le préteur, se présente devant l'évêque! Comme si la conservation même de la cérémonie d'affranchissement, dans laquelle l'évêque remplacera désormais le préteur, ne prouvait pas précisément que Constantin laissait subsister l'esclavage.

Lorsque Théodose, cet égorgeur de Thessalonique, ordonne à tous ses sujets de se faire chrétiens, leur ordonne-t-il aussi de rendre la liberté à leurs frères esclaves? La pensée vient-elle à l'Église de le lui demander, elle qui maintenant marche le front haut, qui obtient de lui ce qu'elle veut, et qui peut tout jusqu'à le faire attendre à sa porte dans l'attitude d'un suppliant (1)? C'est bien assez

(1) La courageuse résistance de saint Ambroise, archevêque de Milan, qui refuse de recevoir Théodose dans son église après le massacre de Thessalonique,

pour elle qu'il fasse décréter la divinité du Saint-Esprit au concile de Constantinople, qu'il mette à l'amende et pourchasse les hérétiques, qu'il défende aux chrétiens de s'allier aux Juifs sous peine d'être punis comme adultères, qu'il se soumette enfin sans murmurer à la pénitence canonique. Mais pour les esclaves, elle n'a rien à lui demander, et lui rien à faire. Non-seulement il ne pense point à abolir l'esclavage, mais il le consacre et le maintient, au profit même de l'Etat, dans un rescrit de 389 (1).

mérite assurément l'admiration qu'elle a excitée. Considérée dans son motif principal et en mettant à part telles circonstances qui annonçaient déjà des prétentions à s'immiscer dans les affaires du gouvernement, c'est un des beaux traits de l'histoire. On doit regretter que saint Ambroise n'ait pas toujours ressenti la même horreur pour le crime, et que, par exemple, il se soit porté auprès du même Théodose pour défenseur et apologiste des moines de Callinique, qui, excités par un évêque fanatique, avaient incendié des édifices où se réunissaient des valentiniens et des juifs.

(1) « Si qui publicorum servorum fabricis seu aliis

Honorius, empereur d'Occident, qui excluait de tous les emplois publics ceux qui ne professaient point la foi catholique, et qui défendait d'appeler des sentences prononcées par les évêques, même en matière civile, et son frère Arcadius, empereur d'Orient, qui était gouverné par son eunuque Eutrope, ne se bornent pas à défendre d'écouter les esclaves qui viennent accuser leurs maîtres, mais ils ordonnent, dans un rescrit de 397, qu'en pareil cas les esclaves soient *immédiatement mis à mort*, *même avant l'audition des témoins et l'examen de la cause*. Ils ont soin d'excepter le cas où l'esclave accuse son maître du crime de lèse-majesté (1). Honorius laisse vendre comme de

« operibus publicis deputati, tanquàm propriæ con-
« ditionis immemores, domibus se alienis et privata-
« rum ancillarum consortiis adjunxerint, tàm ipsi
« quàm uxores eorum et liberi confestim conditioni
« pristinæ laborique restituantur. » (*Ibidem*, lib. VI,
« titul. I, art. 8, *Albino*, *Præfecto urbis Romæ*.)

(1) « Si quis ex familiaribus vel ex servis cujuslibet
« domûs cujuscumque criminis delator atque accusa-

vils troupeaux, sur la place publique, les prisonniers que Stilicon, son général, a faits à Radagaise, 405, et qui sont en si grand nombre qu'on les livre au prix d'une pièce d'or par tête.

Dans une lettre que l'on croit avoir été écrite vers l'an 409, et qui est adressée à un chrétien opulent de la Dalmatie, saint Jérôme, énumérant les divers sujets de chagrin dont il entreprend de le consoler, mentionne une perte de troupeaux et d'esclaves, essuyée dans une invasion de barbares (1), et dans cette lettre, qui est un long et beau sermon, il n'y a pas

« tor emerserit, ejus existimationem, caput atque « fortunas petiturus cujus familiaritati vel dominio « inhæserit, *antè exhibitionem testium atque examina-* « *tionem judicii*, in ipsâ expositione criminum atque « accusationis exordio, *ultore gladio feriatur*. Vocem « enim funestam intercidi oportet potiùs quàm audiri. « Majestatis autem crimen excipimus. » (*Ibidem*, lib. IX, titul. I, art. 20, *Eutychiano.*)

(1) « Abactos armentorum ac pecorum greges, « vinctos occisosque *servulos.* » (*Epistola* 92, *ad Julianum*, tome IV, Paris, 1706.)

un mot de blâme pour cette odieuse possession. Les saints mêmes laissaient donc alors les chrétiens posséder en paix leurs semblables.

Le 7e concile de Carthage, tenu en 419, assimilant les esclaves aux histrions, aux hérétiques, aux payens et aux juifs, leur interdit la faculté d'accuser les clercs à moins qu'ils ne soient personnellement intéressés dans l'affaire. Cette défense constate qu'au commencement du ve siècle, l'Église, loin de penser à abolir l'esclavage, contribuait au contraire à son maintien, en refusant aux esclaves, à cause de leur seule qualité d'esclaves, un droit inhérent à la condition humaine, et en les confondant avec d'autres classes d'hommes qu'elle notait d'infamie (1).

(1) « Item placuit ut omnes servi vel proprii liberti « ad accusationem (il s'agit ici d'accusation portée « contre les clercs, comme on le voit dans le canon « précédent) non admittantur, vel omnes quos ad ac- « cusanda publica crimina leges publicæ non admit- « tunt. Omnes etiam infamiæ maculis aspersi, id est « histriones, ac turpitudinibus subjectæ personæ,

Sous le règne de Théodose II, ce prince gouverné par sa sœur Pulchérie que l'Église grecque honore comme une sainte, on vend les captifs faits dans la guerre de Perse (422). Cette vente fournit à un digne évêque d'Amida l'occasion d'un trait particulier d'humanité, que je mentionnerai plus loin et qui contraste heureusement avec le crime public d'un empire chrétien. Un rescrit de ce même Théodose II et de Valentinien III (428) condamne les esclaves coupables d'hérésie à être fouettés et envoyés aux mines, tandis qu'il ne décerne contre les hérétiques de condition libre qu'une amende de 10 livres d'or ou l'exil (1).

Le 1er concile d'Orange, 441, excommunie

« hæretici etiam, sive pagani sive Judæi : sed tamen « omnibus quibus accusatio denegatur, in causis pro- « priis accusandi licentia non est deneganda. » (*Cap.* II, *Collection des conciles*, Paris, 1644.)

(1) « Decem librarum auri mulctam vel exilium, si « sit ingenuus, subituro, metallum verò post verbera, « si servilis conditionis sit. » (*Codex repetitæ prælectionis*, lib. I, titul. V, art. 5, *Florentio.*)

(canon 6) ceux qui prennent *les esclaves des clercs* à la place des leurs qui se sont réfugiés dans l'église (1).

Le 2e concile d'Arles, 452, renouvelle (canon 32) cette excommunication, absolument dans les mêmes termes (2). Ce concile semble d'abord (canon 33) prendre sous sa protection les affranchis; mais il permet aussitôt (canon 34) de remettre sous le joug ceux qui sont convaincus d'ingratitude (3).

Salvien nous apprend qu'au ve siècle les

(1) « Si quis autem mancipia clericorum pro suis « mancipiis ad ecclesiam confugientibus crediderit « occupanda, per omnes ecclesias districtissimâ dam« natione feriatur. » (*Collection des conciles*, tom. VII, Paris, 1644.)

(2) *Ibidem*, tom. IX.

(3) « Si quis per testamentum manumissum in « servitute vel obsequio vel in colonarià conditione « impremere tentaverit, animadversione ecclesiasticâ « coerceatur.

« Si quis in ecclesiâ manumissum crediderit ingrati « titulo revocandum, non aliter liceat nisi eum gestis « apud acta municipum reum esse antè probave« rit. »

chrétiens, non-seulement possédaient des esclaves, mais leur faisaient endurer les plus indignes traitements, et allaient même jusqu'à se croire le droit de les mettre à mort et d'en user pour assouvir leur brutale impudicité (1).

Le concile d'Agde, 506 (canon 62), se contente de séparer de la communion des fidèles pendant deux ans celui qui aura tué son esclave sans avoir fait intervenir le juge (2). L'institution de cette pénalité prouve que les chré-

(1) « Quid miramur si peccantes nos Deus verberat, « cùm ipsi peccantes servulos verberemus..... Ad fu-« gam servos non miseriæ tantùm sed etiam suppli-« cia compellunt... Dùm tormentis se volunt eximere, « mentiuntur. Quid autem mirum est si positus in « metu servus mentiri mavult quàm flagellari? Accu-« santur etiam gulæ et ventris avidi : nec hoc novum « est ; magis desiderat satietatem qui famem sæpè to-« leravit... *Cùm occidunt servos suos, jus putant esse « non crimen.* Non solùm hoc, sed *eodem privilegio « etiam in execrando impudicitiæ cœno abutuntur.*» (*De vero judicio et providentiâ Dei*, lib. IV, Rome, 1564.)

(2) « Si quis servum proprium sine conscientiâ ju-« dicis occiderit, excommunicatione vel pœnitentiâ

tiens d'alors, non contents de posséder des esclaves, les tuaient sans aucune forme de procès, ce que les législations payennes elles-mêmes avaient défendu depuis longtemps sous des peines plus sévères.

Le concile d'Epaone, 517, défend (canon 8) aux abbés d'affranchir les esclaves donnés aux moines et fonde sa décision sur cette raison que, quand les moines sont occupés à cultiver leurs terres, *il serait injuste* que leurs esclaves devinssent libres et oisifs (1) ; comme s'il n'y avait pas de différence entre travailler pour soi ou pour les autres, à titre de propriétaire du sol ou esclave ; comme s'il fallait nécessairement opter entre l'esclavage et l'inaction ; comme s'il était possible enfin à un nouvel affranchi, qui ne possède que sa personne, de demeurer oisif.

« biennii reatum sanguinis emendabit. » (*Collection des conciles*, tom. X, Paris, 1644.)

(1) « Mancipia verò monachis donata ab abbate non « liceat manumitti. Injustum enim putamus ut, mo- « nachis quotidianum rurale opus facientibus, servi « eorum libertatis otio potiantur. » (*Ibidem.*)

5

Le concile de Lérida, 524, défend (canon 8) aux clercs dont les esclaves se sont réfugiés dans les églises de les en retirer ou de les fouetter (1). Non-seulement donc les gens d'église possédaient des esclaves, mais ils les fouettaient comme des bêtes de charge.

Justinien Ier, qui, dans ses actes publics, disait : *Notre bouche divine* (2) ; qui se souilla du meurtre de Vitalien ; qui montra tant de zèle pour la conversion des hérétiques, et qui, hérétique lui-même, ordonna à ses sujets de croire que Jésus-Christ n'avait jamais enduré la faim ni la soif ni aucun autre besoin naturel; Justinien, loin d'abolir l'esclavage, lui

(1) « Nullus clericorum servum aut discipulum « suum ad ecclesiam confugientem extrahere audeat « vel flagellare præsumat. » (*Ibidem*, tom. XI.)

(2) « Qui relati fuerint in hunc codicem prudentis- « simi viri, habeant auctoritatem, tanquàm si eorum « studia ex principalibus constitutionibus profecta « et à *nostro divino fuerint ore profusa.* » (*Codex repetitæ prælectionis,* lib. I, titul. XVII, art. I, *Triboniano.*)

donne au contraire une consécration légale dans les Institutes, les Pandectes et le Code qu'il publie en 533 et 534, et où il maintient la distinction établie entre les personnes libres et les personnes esclaves, et définit l'esclavage et les causes qui lui donnent naissance juridiquement, ainsi que les conditions de l'affranchissement. L'Église a-t-elle eu quelque objection contre ces dispositions qui servaient de règle à tous les tribunaux d'un vaste empire? Bien loin de là, elle en faisait elle-même son profit; car elle possédait des esclaves, comme on l'a vu déjà et comme on le voit encore par une constitution de 535, où le même Justinien, défendant d'aliéner les biens du clergé, énumère le détail de ces biens et y comprend les esclaves (1).

Le 3e concile d'Orléans, 538, permet (ca-

(1) « Nos igitur sancimus neque... licentiam habere « alienare rem immobilem aut in domibus aut in « agris aut in hortis aut omninò in hujusmodi, neque « rusticum *mancipium*. » (*Ibidem*, *novella* 7, *cap*. I.)

non 13) de rendre aux juifs les esclaves chrétiens, qui ont cherché dans une église un refuge contre l'oppression de leurs maîtres, à la condition que ceux-ci payeront le prix auquel on estimera ces esclaves (1). Ainsi non-seulement l'Église permettait l'esclavage mais elle en tirait profit.

Le 4e concile d'Orléans, 541, ordonne (canon 32) que les descendants de parents esclaves, mais qui pouvaient se croire libres depuis longtemps, soient repris partout où on les trouvera et replacés dans la condition servile de leurs ancêtres (2).

Sous le règne de Justin II, qui, à peine monté

(1) « Nullatenùs à sacerdotio reddantur nisi pretium « offeratur ac detur quod mancipia ipsa valere pro« nuntiaverit justa taxatio. » (*Collection des conciles*, tome XI, Paris, 1644.)

(2) « De genere servili id decrevimus observandum « ut descendens indè posteritas, ubicumque, quamvis « post longa spatia temporum, reperiatur in loco cui « auctores ejus constat fuisse deputatos, revocatâ stu« dio sacerdotis in eâ quæ constituta est à defunctis « conditione permaneat. » (*Ibidem*.)

sur le trône, appelle auprès de lui sous des semblants d'amitié et fait massacrer un petit-neveu de Justinien, et qui, tout occupé de ses plaisirs à Constantinople, laisse les Lombards en Italie et les Perses en Orient ravager l'Empire, on vend publiquement des esclaves bretons sur le forum de Rome chrétienne.

Saint Grégoire de Tours nous fournit un exemple des horribles traitements que faisaient subir à leurs esclaves les compagnons de ces rois francs qui avaient envahi la Gaule et qui étaient chrétiens depuis Clovis. En 576, un duc, que le même historien nous apprend avoir été plus tard mis à mort par le roi Childebert II, contre lequel il avait conspiré, prenait plaisir à voir verser de la cire brûlante sur les jambes nues d'un jeune esclave, et si celui-ci laissait échapper une plainte ou faisait quelque mouvement, son maître le menaçait de le percer d'une épée. Ce même duc faisait enfermer dans un tronc d'arbre creusé et enterrer tout vivants deux de ses esclaves, un jeune homme et une jeune fille qui s'aimaient et qui venaient de se marier sans son consentement. Il avait promis de ne pas les séparer, et il disait : « Je n'ai « point violé mon serment. » Le prêtre qui les avait unis, averti de cet acte de barbarie, accourut et, à force d'instances, obtint qu'on les déterrât. Le jeune homme vivait encore, mais la jeune fille était étouffée (1).

(1) « Si antè eum, ut adsolet, convivio urentem « puer cereum tenuisset, nudari ejus tibias faciebat « atque tamdiù in his cereum comprimi donec lumine « privaretur : iterùm cùm inluminatus fuisset, simi- « liter faciebat usque dùm totæ tibiæ famuli tenentis « exurerentur. Quòd si vocem emittere aut se de loco « illo aliâ in parte movere conatus fuisset, nudus illi- « cò gladius imminebat, fiebatque ut, hoc flente, iste « magnâ lætitiâ exsultaret. Aiebant enim quidam eo « tempore duos de famulis ejus, ut sæpè contingit, « mutuo se amore dilexisse, virum scilicet et puel- « lam. Cùmque hæc dilectio per duorum annorum « aut eo ampliùs spatia traheretur, conjuncti pariter « ecclesiam petierunt. Quod cùm Rauchingus compe- « risset, accedit ad sacerdotem loci ; rogat sibi proti- « nùs reddi suos famulos excusatos. Tunc sacerdos ait « ad eum : Nosti enim quæ veneratio debeat impendi « ecclesiis Dei. Non enim poteris eos accipere nisi ut

Le 3e concile de Tolède, 589, ordonne (canon 5) aux évêques de *vendre* et par conséquent

« fidem facias de permanente eorum conjunctione, si-
« militer et ut de omni pœnâ corporali liberi maneant
« repromittas. At ille, cùm diù ambiguus cogitatione
« siluisset, tandem conversus ad sacerdotem, posuit
« manus suas super altare cum juramento, dicens :
« Quia nunquam erunt à me separandi, sed potiùs
« ego faciam ut in hâc conjunctione permaneant;
« quia, quanquam mihi molestum fuerit quòd abs-
« que mei consilii conniventiâ talia sint gesta, illud
« tamen libens amplector quòd nec hic ancillam al-
« terius neque hæc extranei servum acceperit. Credi-
« dit sacerdos ille simpliciter promissioni hominis cal-
« lidi, reddiditque homines excusatos. Quibus ille
« acceptis et gratias agens abscessit ad domum suam,
« et statim jussit elidi arborem, truncatamque colum-
« nam ejus per capita cuneo scissam præcepit exca-
« vari, effossâque in altitudine trium aut quatuor pe-
« dum humo, deponi vas jubet in foveam, ibique
« puellam ut mortuam componens, puerum desuper
« jactari præcepit, positoque opertorio, fossam humo
« replevit sepelivitque eos viventes, dicens : quia *non*
« *frustravi juramentum meum*, ut non separarentur
« hi in sempiternum. Quæ cùm sacerdoti nuntiata
« fuissent, illuc cucurrit velociter, et increpans homi-
« nem, vix obtinuit ut detegerentur. Verùm tamen
« puerum vivum extraxit, puellam vero reperit suf-

de traiter en esclaves les femmes qui auraient vécu en concubinage avec des ecclésiastiques (1).

Saint Grégoire Ier, qui occupa le siége pontifical de 590 à 604, et félicita de son avénement au trône l'empereur Phocas qui y arrivait par l'usurpation et l'assassinat, saint Grégoire, écrivant à Januarius, évêque de Sardaigne, l'engage à sévir contre les payens qui refusent d'embrasser le christianisme. Voici les règles de conversion que trace ce pape, dont les écrivains ecclésiastiques célèbrent la douceur : Les payens de condition libre seront simplement emprisonnés; quant aux *esclaves*, il faudra les

« focatam. » (*Historia ecclesiastica Francorum*, lib. V, art. 3, Paris, 1699.)

(1) « Qui verò semper sub canone ecclesiastico ja-
« cuerunt, si contrà veterum imperata in suis cellu-
« lis mulierum quæ infamem suspicionem possunt
« generare consortium habuerint, illi canonicè qui-
« dem distringantur, mulieres verò ipsæ ab episcopis
« venumdatæ pretium ipsum pauperibus erogetur. »
(*Collection des conciles*, tome XIII, Paris, 1644.)

fustiger et les mettre à la torture (1). Cette diversité de pénalité pour un même fait est une reconnaissance et une consécration de l'esclavage; car elle n'aurait pas de sens si, aux yeux du saint pontife, un homme était naturellement l'égal d'un autre homme, et s'il n'y avait pas une différence essentielle entre un esclave et un homme libre. Du reste nous verrons plus loin ce même pape affranchir ses propres esclaves.

Le 2e concile de Séville, 619, condamne (canon 8) à redevenir esclave un affranchi qui était accusé d'avoir voulu user de maléfices envers l'évêque, son ancien maître (2).

(1) « Quos tamen, si emendare se à talibus atque « corrigere nolle repereris, ferventi comprehendere « zelo te volumus, et siquidem servi sunt, verberibus « cruciatibusque quibus ad emendationem pervenire « valeant, castigare. Si verò sunt liberi, inclusione « dignâ districtâque sunt in pœnitentiam dirigendi. » (*Epistola* 65, lib. IX, tome II, Paris, 1705.)

(2) « Immeritæ libertatis damno mulctatus, ad ser- « vitii nexum quo natus est revocetur. Talium enim

Le 1er concile de Reims, 630, défend (canon 11) de vendre des esclaves chrétiens *à d'autres qu'à des chrétiens*, et par conséquent ne permet pas seulement à des chrétiens d'en acheter, mais leur assure le monopole de cet achat (1).

Le 4e concile de Tolède, 633, renouvelle (canon 43) l'ordre déjà donné par le 3e concile, de faire saisir et *vendre* les femmes avec lesquelles des clercs vivaient en concubinage (2).

« status, qui contrà episcopum suum vel patronam « ecclesiam nituntur, decidi potiùs quàm conservari « convenit : ut quorum libertas perniciosa est, sit sa- « lutifera virtus, et qui superbire noverunt adeptâ « libertate præditi, discant obedire subjecti. » (*Collection des conciles*, tome XIV, Paris, 1644.)

(1) « Si quis christianorum, necessitate cogente, « mancipia sua christiana elegerit venumdanda, non « aliis nisi tantùm christianis expendat. » (*Ibidem*, même tome.)

(2) « Quidam clerici, legitimum non habentes con- « jugium, extranearum mulierum vel ancillarum sua- « rum interdicta sibi consortia appetunt : ideòque « quæcumque clericis taliter adjunctæ sunt ab epis- « copo auferantur et venumdentur, illis pro tempore

Par une charte de 645 ou 648, Adroad donne à saint Bertin la terre de Sithiu, y comprenant bêtes et gens (1).

« relegatis ad pœnitentiam quos suâ libidine infecerunt » (*Ibidem.*) Notons en passant que cette désignation *legitimum non habentes conjugium* prouve qu'à cette époque il était encore permis aux ecclésiastiques de contracter de légitimes mariages. Les mots *quos suâ libidine infecerunt* sont également à remarquer. Il paraîtrait que, dans la pensée des Pères du concile, ce n'étaient pas les clercs qui corrompaient les femmes, c'étaient des femmes libertines qui souillaient des clercs bien chastes : ces derniers étaient d'intéressantes victimes, plus à plaindre qu'à blâmer, et quelques jours de pénitence suffisaient à les purifier complétement, tandis que ce n'était pas trop de condamner ces malheureuses à passer le reste de leur vie dans les fers de l'esclavage pour leur faire expier leur débauche.

(1) « Cum domibus, ædificiis, terris cultis et incul-« tis, mansiones cum silvis, pratis, pascuis, aquis « aquarumve decursibus, seu farinariis, mancipiis, « accolabus, greges cum pastoribus, mobilibus, immo-« bilibus, vel quibuslibet beneficiis. » (Guérard, *Cartulaire de l'abbaye de St-Bertin*, Paris, 1840.) Voir, dans le même cartulaire, d'autres exemples nombreux de semblables donations.

Le 9e concile de Tolède, 655, ordonne (canon 10) que les enfants que des ecclésiastiques, depuis le sous-diacre jusqu'à l'évêque, auraient eus de femmes, soit esclaves soit même libres, deviennent à perpétuité esclaves de l'église de leur père ; en sorte que ces enfants n'étaient pas seulement punis pour une faute dont ils étaient innocents, mais se voyaient réduits en servitude au profit des auteurs mêmes de cette faute (1). Le même concile ordonne (canon 11) que les esclaves qui auront été affranchis par les évêques pour être agrégés au clergé redeviennent esclaves à perpétuité s'ils se ren-

(1) « Quilibet ab Episcopo usque ad subdiaconum « deinceps vel ex ancillæ vel ex ingenuæ detestando « connubio in honore constituti filios procreaverint, « illi quidem ex quibus geniti probabuntur canonicâ « censurâ damnentur, proles autem tali nata pollu- « tione non solùm parentum hæreditatem nusquam « accipiat, sed etiam in servitutem ejus ecclesiæ de « cujus sacerdotis vel ministri ignominiâ nati sunt, « jure perenni manebunt. » (*Collection des conciles,* tome XV, Paris, 1644.)

dent coupables de crimes (1). Le même concile défend (canon 14) aux affranchis d'une église et à leur race de s'unir à des personnes libres, sous peine de redevenir, eux *et leurs enfants*, esclaves de cette même église, ou de se voir dépouillés à son profit de tout ce qu'ils avaient pu acquérir soit par eux-mêmes soit par leurs parents (2).

L'empereur Constantin Pogonat, qui fit couper le nez à ses deux frères et qui présida le 3e concile général de Constantinople, assemblé

(1) « Quos verò flagitii sordidaverit incorrigibilis « noxa, perpetua servitus conditionis releget in cate- « nam. »

(2) « Si contingat quemque de libertis ecclesiæ eo- « rumque prosapiæ, contrà primævas modernasque « patrum regulas, quibuslibet personis ingenuis co- « pulari, tàm illis quàm eorum stirpi non licebit ab « ecclesiæ patrocinio evagari, sed aut ad debita obse- « quia reverti cogendi sunt, aut, si redire noluerint, « quæcumque vel parentes eorum vel ipsi ab ecclesiâ « sunt adepti, vel in ejus patrocinio visi sunt conqui- « sisse, insistente pontifice, in ditionem propriæ redu- « cantur ecclesiæ. »

contre les monothélites, stipule, dans un traité de paix accordé au calife de Damas (678), que celui-ci lui enverra, chaque année, trois mille pièces d'or et *cinquante esclaves avec cinquante chevaux de race* (1).

(1) Χρυσοῦ χιλιάδας τρεῖς καὶ ἄνδρας αἰχμαλώτους πεντήκοντα καὶ ἵππους εὐγενεῖς πεντήκοντα. (Théophane, Χρονογραφία, Paris, 1655.) Un auteur moderne, M. Adrien Richer (*Nouvel abrégé chronologique de l'histoire des Empereurs*, tome II, Paris, 1754), substitue frauduleusement à la condition de payer tous les ans cinquante esclaves celle de renvoyer annuellement cinquante prisonniers. Le mot αἰχμαλώτους du texte original signifie bien des captifs faits à la guerre, et qui étaient réduits en servitude, selon ce qu'on appelait alors le droit des gens ; mais il est évident que Théophane ne veut pas parler ici de captifs grecs, que Constantin, leur ancien maître, aurait simplement fait délivrer. C'était lui qui était vainqueur des Arabes et qui dictait les conditions de la paix. Or jamais empereur victorieux n'a pu penser à se faire rendre ses sujets captifs par annuités et sous forme de tribut. L'expression αἰχμάλωτος est d'ailleurs employée habituellement comme synonyme de δοῦλος. Il s'agit donc bien véritablement ici d'un tribut annuel d'esclaves, qu'on ne délivrait pas plus que les chevaux qui devaient les accompagner.

Le 13e concile de Tolède, 683, défend (canon 6) non-seulement aux esclaves et aux affranchis mais encore à leurs descendants, d'aspirer désormais aux charges du palais, sous peine d'être remis en esclavage (1).

De 558 à 747, les rois de France ou maires du palais de la première race, Childebert Ier, Dagobert Ier, Clovis II, Clotaire III, Childéric II, Thierri III, Pepin d'Héristal, Clovis III, Childebert III, Chilpéric II, Charles Martel, Thierri IV, Carloman et Pepin le Bref, en donnant aux monastères et aux églises d'immenses domaines et en faisant l'énumération des choses dont se composent ces domaines, y comprennent expressément les esclaves des

(1) « Quod si deinceps quorumcumque sit libertus « seu etiam servus vel omnis eorum adfutura proge- « nies, qui post hujus sanctionis nostræ sententiam « ad officia præmissa accedat, illic quoque tempore « aut serviturus aut obsequendus modis omnibus « contradatur, ex quo aut servitutis originem duxit « aut libertatis decus subire promeruit. » (*Collection des conciles*, tome XVII, Paris, 1644.)

deux sexes. Je citerai ici trois seulement des diplômes de ces dons royaux, un de 558, de ce Childebert Ier qui prit part à l'assassinat de ses neveux et se partagea avec son frère leur royaume d'Orléans; un second de 630, de ce Dagobert Ier qui fit égorger son neveu pour s'emparer de son héritage, et qui avait trois reines et un grand nombre de concubines; un troisième de 680, de ce Pepin d'Héristal qui prépara l'usurpation que son petit-fils, Pepin le Bref, devait bientôt consommer avec l'aide du pape saint Zacharie et du pape Etienne II, qui y gagna une souveraineté temporelle (1).

(1) «Childebertus, Rex Francorum... apostolicus vir « domnus et pater noster Germanus, Parisiacæ urbis « Episcopus, nobis innotuit prædicatione suâ quòd, « dùm in sæculo habitamus, semper de futuro cogitare « debemus, et ammonuit nos ut sanctarum ecclesia- « rum memoriam haberemus, *et semper bonis illarum* « *potiora adderemus*, *ut in augmentum nobis proficeret*, « et admonens etiam eleemosynarum largitionem « non omittere ut consuetudo erat illius. Accidit au- « tem ut quodam tempore domnus pontifex invenis- « set nos in pago Melodunense, in villâ Cellas nomi-

Dans une charte datée de la 10e année du règne de Dagobert Ier, et par laquelle saint

« natâ, gravi ægritudine correptum; undè multorum « adhibita est corpori meo cura, sed nullatenùs ali- « quod vestigium sanitatis immittere potuerunt. De- « mùm ipse domnus sacerdos totâ nocte vigilans, in « orationem stetit, et crastinâ manuum suarum sanc- « tarum impositione tetigit corpus 'graviter infirma- « tum et continuò sumpsi sanitatis donum quod à « nullo percipere potui medicorum. Ideò nos pro « tàm magnâ justitiâ, quam Dominus per manus « sacerdotis pro stabilitate regni nostri et æternâ « retributione ministravit, donamus ad sanctam « matrem ecclesiam Parisiacam, ubi ipse domnus « Germanus præesse videtur, hoc est ipsam villam « Cellas nominatam, ubi sanitatem recuperavimus, « sitam in pago Melodunense super alveum Se- « quanæ, ubi Iona illam ingreditur, cum basilicis, « appenditiis, territoriis, *mancipiis*, vineis, sylvis, « pratis, cultis et incultis, omnia et ex omnibus, to- « tum et ad integrum, quidquid ad ipsam villam res- « picit et fiscus noster continet, cum integritate à « die præsenti ad memoratam casam Dei sive ad « domnum sacerdotem donamus et confirmamus. *Sed « et ipse domnus pontifex petivit nobis in provinciâ « locellum* nostrum in pago Furidrense, cui vocabu- « lum est Cella, propter arbores oliviferas, ad lumi- « naria facienda : *quod nos pro mercedis nostræ aug-*

Èloi, trésorier de ce Roi, donne à l'abbaye de Solignac une terre qu'il tenait de *la munificence*

« *mento concedimus* et condonamus, hoc est memora-
« tam Cellam, cum basilicâ S. Romani, unà cum ter-
« minis et *mancipiis* suis, cum integritate seu appenditiis suis....

« Dagobertus, Rex Francorum.... Donamus villas
« juris nostri, id est Tauriacum, Tybernionem et Ru-
« bridum in pago Aurelianensi sitas, sed et Monar-
« villam et Wasconisvallem in pago Stampinse, fra-
« tribus monachis deservientibus ad basilicam domni
« Dionysii, peculiaris patroni nostri, ubi præesse vi-
« detur abba Aygulphus, et nos sepeliri obtamus, in
« alimoniam specialiter eorum in perpetuum admi-
« nistrandam. Has prædictas villas cum omnibus
« justiciis et dominiis, terris, domibus, *mancipiis*, vi-
« neis, sylvis, pratis, pascuis, aquis aquarumve de-
« cursibus vel omnibus adjacentiis, prædicto sancto
« loco et monachis ibidem Deo servientibus nostrâ
« munificentiâ speciali donatione in alimoniam con-
« cedimus, quatinùs ipsi de prædictis villis utentes,
« pro nobis et prole nostrâ, quotidianâ oratione Deum
« exorent, *ut ille suâ nos misericordiâ protegat, pro*
« *cujus amore hæc eis contulimus*, etc.

« Ego Pipinus et uxor mea, nomine Plectrudis,
« cogitantes de salute nostrâ *ut à Domino pro parvis*
« *magna, et cœlestia pro terrenis recipere possemus*,
« donavimus pro remedio animæ nostræ seu pro æ-

de son très-glorieux et très-pieux maître, on voit figurer les esclaves avec les *quadrupèdes* (1). Nous verrons cependant ce même évêque affranchir des esclaves saxons.

Une charte de 729, contenant l'énumération

« ternâ requie acquirendâ, ac solidè tradidimus ad « basilicam sanctorum apostolorum, juxtà urbem « Metis constructam, ubi dominus et avus noster Ar- « nulphus in corpore requiescit, villam proprietatis « nomine, vocabulo ut suprà dictum est Nugaretum, « sitam in pago Wabrinse, mansum videlicet indomi- « nicatum cum omnibus adjacentiis ad se pertinenti- « bus tàm in ædificiis quàm in campis, pratis, sylvis, « cultis et incultis, *mancipiis utriusque sexûs* ibi com- « morantibus, vel quicquid in memoratâ villâ hacte- « nùs visus sum possedisse, totum et ad integrum. » (Dom Bouquet, *Recueil des historiens des Gaules*, tome IV, Paris, 1741.)

(1) « Cedo vobis parva pro magnis, terrena pro cœ- « lestibus et temporalia pro æternis, cessumque esse « volo ac de meo jure investio ac transfundo, hoc est « suprà dictum agrum Solemniacensem, qui mihi ex « munificentiâ gloriosissimi ac piissimi domini nostri « Dagoberti regis obvenit... Cum omnibus adjacen- « tiis suis, cum mansionariis, originariis, inquilinis « ac *servis* vel accolanis ibidem commorantibus... Cum

détaillée des vastes domaines de l'abbaye de Saint-Germain-des-Prés de Paris, met les esclaves des deux sexes sur la même ligne que les choses (1).

Un diplôme de Pepin, roi des Francs, daté de 754 et confirmant l'abbaye de St-Denis dans la possession du domaine de Taverny, y confond également les hommes avec les choses (2).

« *quadrupedibus* omnibus et jumentis vel pecoribus.» (*Gallia christiana, Instrumenta ecclesiæ Lemovicensis*, art. 29, tome II, Paris, 1720.)

(1) « Ædificiis, casticiis, mansibus, sylvis, campis, « pratis, pascuis, farinariis, *gregibus cum pastoribus*, « aquis aquarumve decursibus, prædiis mobilibus « et immobilibus, *utriusque genere sexûs* tàm majore « quàm minore, adjacentiis vel reliquis quibuscum- « que beneficiis. » (Guérard, *Polyptyque de l'abbé Irminon*, tome III, *appendix*, ch. VII, Paris, 1844.) On peut voir, dans cet ouvrage, beaucoup d'autres chartes de même nature.

(2) « Unà cum terris, domibus, ædificiis, præsidiis, « mancipiis, colonis, inquilinis, accolabus, libertis, « servis tàm ibidem oriundis quàm et aliundè trans- « latis, rusticis et urbanis, saltibus atque subvinctis,

Un concile de Bavière, 772, décide (canon 9) que, si une femme libre épouse un esclave de l'Église, elle a trois ans pour se retirer ; mais, si elle laisse passer ce terme sans user de cette faculté, elle est esclave à perpétuité ainsi que ses enfants (1).

L'archevêque d'York, Egbert (VIIIe siècle),

« terris cultis et incultis, vineis, silvis, pratis, pascuis, « aquarumve decursibus, pecoribus, etc. » (Dom Bouquet, *Recueil des historiens des Gaules*, tome V, Paris, 1744.) Voir, dans ce même tome, d'autres exemples nombreux de diplômes des rois Pepin et Charlemagne, accordant ou confirmant à divers monastères la possession de vastes domaines, y compris les esclaves qui en faisaient partie. Diplômes de Pepin, années 752, 754 766 et 768. Diplômes de Charlemagne, années 771, 774, 775, 783, 786 et 790.

(1) « Quandò exire voluerit, antè annos tres liberam habeat potestatem; si autem tres annos induraverit opus ancillæ et parentes ejus non exadomaverunt eam ut libera fuisset, nec antè Comitem nec antè Ducem nec ante Regem nec in publico mallo, transactis tribus kalendis Martis, post hæc ancilla permaneat in perpetuum, et quicumque ex eâ nati fuerint servi et ancillæ sunt. » (*Collection des conciles*, tome XVIII, Paris, 1644.)

défend aux abbés d'affranchir les esclaves des monastères et appelle impies ces affranchissements.

Vers la fin du VIIIe siècle, le clergé de l'heptarchie saxonne d'Angleterre possédait de nombreux esclaves. L'historien John Lingard prétend que les évêques du concile de Calchut (787) consentirent à ce qu'à leur mort les leurs fussent rendus à la liberté, et il ajoute que de pareilles dispositions étaient insérées dans les testaments de plusieurs autres grands personnages parmi lesquels il nomme un fils du roi Ethelred et un archevêque de Cantorbéry (1). Les actes du concile de Calchut ne disent rien de cela, quoiqu'ils relatent beaucoup d'autres dispositions d'une bien moindre importance, par exemple la défense de couper la queue aux chevaux et de manger de leur chair (2). Quand j'admettrais le fait, je serais fort éloigné d'en

(1) *A history of England*, vol. 1, chap. 7, Paris, 1840.

(2) *Collection des conciles*, *ibidem*.

faire un mérite à ses auteurs. En effet, si les évêques en question pensèrent à affranchir leurs esclaves, on doit supposer que c'était parce qu'ils comprenaient ce qu'il y a de mal à retenir ses semblables dans l'esclavage. Ils devaient dès lors renoncer, pour eux surtout, au bénéfice de cette action mauvaise et ne pas en ajourner la cessation à l'époque de leur mort. Quelle idée aurions-nous d'un homme qui, reconnaissant l'origine inique d'un bien dont il tirerait profit, voudrait continuer d'en jouir sa vie durant, et se contenterait d'imposer par testament à ses héritiers l'obligation de s'en dépouiller? La pensée nous viendrait-elle jamais de célébrer sa piété et sa générosité ?

Un capitulaire de Charlemagne, ce célèbre convertisseur par le glaive, qui faisait massacrer en une seule fois 4,000 Saxons désarmés, prescrit que les esclaves qui seront vendus le soient en présence de témoins de marque, au premier rang desquels il met l'*évêque*, le comte et l'*archidiacre* (1). L'histoire ne dit pas que les évêques ni les archidiacres aient refusé cette mission de présider à des ventes d'hommes. Plusieurs autres capitulaires de Charlemagne supposent et maintiennent une distinction légale entre les hommes libres et les esclaves (2).

(1) « De mancipiis quæ venduntur, ut in præsentiâ « episcopi vel comitis sit, aut in præsentiâ archidia« coni aut centenarii, aut in præsentiâ vicedomini « aut judicis comitis, aut antè benè notata testimo« nia. » (Dom Bouquet, *Recueil des historiens des Gaules*, tome V, Paris, 1744, Capitulaire de 779, art. 19.)

(2) « Si quis contradicit... si ingenuus est homo, « quindecim solidos componat ad opus Regis; si ser« vilis conditionis..., flagelletur nudus ad palum co« ràm populo. » (*Ibidem*, Capitulaire de 794, art. 3.)

« Nemini liceat servum suum propter damnum ab « illo cuilibet inlatum dimittere; sed juxtà qualita« tem damni dominus pro illo respondeat, vel eum in « compositionem aut ad pœnam petitori offerat. » (*Ibidem*, Capitulaire de 803, art. 4.)

« Fugitivi verò servi et latrones redeant ad pro« pria loca. » (*Ibidem*, Capitulaire de 806, art. 6.)

« Qui hominem francum occiderit, solidos sexcen« tos componat... Qui hominem ingenum occiderit,

Enfin il faisait lui-même cultiver ses immenses domaines par des esclaves.

Une charte de 799, d'une donation faite par un comte au monastère de Saint-Denis, contient, avec les noms des esclaves, le nombre précis de leurs enfants (1).

« solidos ducentos componat... Qui lidum occiderit, « solidos centum componat... Qui servum occiderit, « solidos quinquaginta componat. » (*Ibidem*, Capitulaire de 813, art. 2-5.)

(1) En voici un fragment avec son mauvais latin :

«... Cum mansis, domibus, superpositis ædificiis, « *accolabus*, *mancipiis* his nominibus, Gautrude cum « infantes septem, Erisma cum infantes quinque, « Jungulfo cum infantes tres, Maurica cum infantes « quatuor, Madalbertane cum infantes duos, Walde- « rada cum infantes tres, Elisanna cum infante uno, « Plectrude cum infantes quatuor, Beninga cum in- « fantes septem, Alatrudis cum infantes duos, Ladina « cum infantes quinque, Izintrudis cum infantes tres, « Leuttrude cum infantes sex, Warentrudis cum in- « fantes sex, item Alectrude cum infantes tres, Al- « druda cum infantes tres, Doda cum infantes tres, « Aldinga cum infante uno, Unberta cum infantes « duos, Ermina cum infante uno, Luba cum infante « uno, Serena cum infante uno, Aldegilde cum infan-

Des évêques achetaient avec les revenus de leurs églises, soit en leurs noms soit sous des noms supposés, des terres et des esclaves qu'ils transmettaient à leurs familles. Le 6e concile de Paris, 829, déclare (canon 16) ces opérations contraires aux droits ecclésiastiques et prescrit que les acquisitions de cette nature profitent désormais aux églises à la tête desquelles sont placés les évêques (1).

« tes duos, Hildigera cum infantes tres, item Ermina « cum infantes tres, Autfreda cum infantes tres, Erm- « freda cum infantes tres, Sirican cum infantes duos, « Gulfiane, item Gautrude, Abiud, Adelane, Ragam- « fredo, Airefredo, Sigebaldo, Firmerico, Teudoino, « Anafredo, Andefredo, Vermerano, Adebaldo, vi- « neis, silvis, campis, pratis, pascuis, aquarumve de- « cursibus. » (Mabillon, *De re diplomaticâ*, lib. 6, Paris, 1709.)

(1) « Quoniam multi episcoporum amore propinquo- « rum suorum de rebus sibi commendatis, suo aut quo- « rumlibet amicorum nomine, prædia aut mancipia « emunt, et ut in suorum propinquorum jus cedant « statuunt, et ob hoc et jura ecclesiastica convellun- « tur et ministerium sacerdotale fuscatur imò à sub- « ditis detrahitur et contemnitur, placuit omnibus

Les rois de France de la seconde race, à l'exemple de ceux de la première, consacrent la possession des esclaves par des actes nombreux accordés soit à leurs favoris, laïques ou ecclésiastiques, soit surtout aux églises et aux couvents.

Louis Ier, dit le Débonnaire et le Pieux, qui fit arracher les yeux à son neveu Bernard, roi d'Italie, donne à Fulbert, par un acte de 836, de nombreux domaines avec les esclaves qui en font partie (1).

« ut deinceps hoc avaritiæ genus caveatur..... Post-« quàm autem episcopus factus est, quascumque res « de facultatibus ecclesiæ, aut suo aut alterius no-« mine, quâlibet conditione comparaverit, decre-« vimus ut non in propinquorum suorum sed in ec-« clesiæ cui præest jura deveniant. » (*Collection des conciles*, tome XXI, Paris, 1644.)

(1) « Præcipimus atque jubemus ut abhinc in fu-« turum memoratæ *res ac mancipia* in ejusdem fide-« lis nostri Fulberti jure ac dominatione permaneant, « itâ videlicet ut quicquid de eis vel in eis jure pro-« prietatis facere, ordinare atque disponere voluerit, « vendendi, donandi, commutandi liberam in omni-« bus habeat potestatem faciendi. » (Dom Bouquet,

Charles II, dit le Chauve, qui vola l'Aquitaine à son neveu Pepin II, donne, par un acte de 861, à un archevêque de Lyon, son chapelain, et sur la demande de celui-ci, diverses terres auxquelles sont attachés des esclaves (1).

Recueil des historiens des Gaules et de la France, tome VI, Paris, 1749.)

(1) « Notum fore cupimus quòd Remigius, Lugdu-« nensis ecclesiæ reverendus antistes nostrique palatii « capellanus summus, nostram cernuè adiens man-« suetudinem, enixiùs postulavit quatenùs illi ob cu-« juslibet necessitatis suæ supplementum res quas-« dam proprietatis nostræ jure hereditario concede-« remus. Cujus precibus utpotè affabilibus assensum « præbentes, hos strenuitatis nostræ apices fieri de-« crevimus, per quos easdem res, morem prædeces-« sorum nostrorum exsequentes, eidem præsuli gra-« tanter concedimus, quæ sunt sitæ in (suit la dési-« gnation de diverses propriétés)... hæc igitur omnia « tàm culta quàm inculta, tàm retenta quàm invasa, « tàm quæsita quàm inexquisita, cum omnibus ad se « pertinentibus, *mancipiis* scilicet, terris cultis et in-« cultis, domibus, vineis, silvis, pratis, pascuis, « aquis aquarumve excursibus, exitibus, universisque « adjacentiis, præfato Episcopo, ob ejus devotissi-« mum famulatum, libentissimè impendimus ac de « nostro jure in ejus tradimus potestatem. » (*Ibi-*

Des femmes faisaient périr des esclaves à coups de fouet, dans des accès de colère. Si la mort survenait dans les trois jours, un concile de Worms, 868, renouvelant (canon 39) une défense du concile d'Elvire, 305 (canon 5), soumettait ces femmes inhumaines à une pénitence de sept ou de cinq ans, selon que le meurtre avait eu lieu ou non volontairement (1).

Charles III, dit le Gros, qui demanda à

dem, tome VIII, 1752.) Déjà, sur la demande de l'évêque Hébroin, il avait, par un acte de 845, accordé au monastère de Glanfeuil sept terres *cum colonis et servis ibi commanentibus*, et sur la demande de Robert, abbé du monastère de Saint-Martin, par un acte de 852, confirmé ledit monastère dans la possession d'un grand nombre de terres *cum hominibus*. (*Ibidem.*)

(1) « Si qua femina, furore zeli accensa, flagris « verberarit ancillam suam, ità ut intrà tertium diem « animam cum cruciatu effundat, eò quod incertum « sit voluntate an casu occiderit, si voluntate septem « annos, si casu per quinque annorum tempora legi- « timam peragat pœnitentiam. » (*Collection des conciles*, tomes I et XXIII, Paris, 1644.)

Godefried, chef des Normands, une entrevue où il le fit lâchement assassiner, rend, par un acte de 885, à l'église de Saint-Etienne de Toul des terres avec les familles qui les habitent. Cette restitution avait pour but d'assurer le salut de son âme et de celle de son épouse et la stabilité de son droit divin (1).

Dans ses *Lois ecclésiastiques*, 887, Alfred le Grand, roi des Anglo-Saxons, établit des amendes contre le viol d'une esclave. Mais si le coupable est esclave lui-même, il subit la peine de la castration (2).

(1) « Nonaginta quinque mansos, videlicet inter in-« genuiles et serviles, cum omnibus appenditiis suis, « cum Franculfi villâ, cum ecclesiis et *familiis utrius-« que sexûs*, cumque integritate suâ, pro animæ nos-« træ salute necnon et conjugis nostræ semper au-« gustæ atque stabilitate imperii nobis divinitùs col-« lati restituendo conferimus. » (Suite du même *Recueil* par des religieux bénédictins de Saint-Maur, tome IX, 1758.)

(2) « Qui per vim pagani hominis ancillam stupra-« rit, pagano solidos senos numerato, et sexaginta « prætereà solidis mulctator. Servus si servulam stu-

Charles le Simple, par un acte de 905, donne à un diacre, sur la prière d'un évêque, un certain nombre d'esclaves (1).

On peut voir, à la Bibliothèque nationale, dans une charte de 909, de Robert, abbé de Saint-Martin de Tours, le détail des terres et des esclaves des deux sexes ainsi que des *autres choses* qui en dépendaient, donnés au monastère par Gontberg et sa femme Berthais. Les serfs qui font partie de ces domaines, comme on le dirait aujourd'hui d'un certain nombre de paires de bœufs, y sont appelés par leurs noms (2). Il

« prarit, virga virilis ei præciditor. » (*Loi* 13, *Collection des conciles*, tome XXIV, Paris, 1644.)

(1) « *Mancipia in proprietatis jure donamus possi-* « *denda*, quorum hæc sunt nomina, Iggelramnus, Hal- « decardis, Blismodis, Angelardus, Angelmundus, « item Iggelramnus, Angelburgis, Ermingardis, « Amalberga atque Dominicus. » (Mabillon, *De re diplomaticâ*, lib. VI.)

(2) Voici une partie du texte de cette charte : « Ac- « cesserunt ad nos quidam pernobiles ac Deo devoti « homines, Guntbertus scilicet et uxor ejus Berthai- « dis, offerentes Deo et sancto confessori ejus, Domi-

ne sera pas sans intérêt de rapprocher de cette charte le document suivant : « En Arménie, « Anaïtis possédait autour de son temple un « vaste territoire, cultivé par de nombreux es- « claves de l'un et l'autre sexe, lesquels étaient « considérés comme serfs de la Déesse et

« no nostro Martino, ob remedium animarum suo- « rum infantium, more precario, res quasdam ipso- « rum proprias, id est mansum unum indominica- « tum, cum terris cultis et incultis, pratis, silvis, cul- « turis dominicatis, pascuis et farinario, ad quem « pertinent alii mansi quinque, similiter cum omni- « bus eorum utilitatibus et adjacentiis, *cum manci- « piis utriusque sexûs* in eis commanentibus, Eringe- « rio videlicet, et Gerbaldo et uxore ejus Ermengardi, « Godino etiam, Ingilgerio et uxore ejus Adalburgi, « Brodoino deniquè et hujus uxore Geliâ, Adalardo in- « super atque Sulpicio, cum omnibus *aliis rebus* præ- « dicto manso pertinentibus... Offerunt etiam eidem « sancto Martino, in alio loco, alterum mansum illo- « rum indominicatum, cum ecclesiâ constructâ in « honore sanctæ Mariæ, cum terris cultis et incultis, « silvis, pratis, aquis aquarumve decursibus, pascuis « et aliis mansis ad ipsos pertinentibus, et *cum man- « cipiis eisdem pertinentibus*, Franchin, Magenfred, « Leutgard, Ragencin, Gelega, Ofrard, Edram et mo- « lendino sito in, etc. »

« appelés pour cette raison *hiérodoules* ou es-
« claves sacrés. Un sacerdoce riche et respecté
« avait la jouissance de ces biens. Le temple
« lui-même répondait à l'opulence de ses des-
« servants. Tout y était prodigué pour donner
« à la religion un éclat éblouissant... Le culte
« arménien d'Anaïtis prit racine sur une foule
« de points de l'Asie Mineure, particulièrement
« dans les deux villes appelées Comana, situées
« l'une en Cappadoce et l'autre dans le Pont.
« La première était la plus fameuse sous ce
« rapport. Elle avait un temple avec des terres
« considérables et plus de six mille hiérodoules,
« qui cultivaient ces terres au profit du prêtre.
« Ce prêtre, placé immédiatement après le roi,
« dirigeait le peuple à son gré par le joug
« de la puissance spirituelle. Du reste la ser-
« vitude des personnes existait de tout temps
« en Cappadoce ; le roi et un certain nombre
« de grands étaient seuls propriétaires du sol.
« Ce fut la piété de ces grands qui, par des
« dons et des legs, enrichit successivement le

« temple, soit en terres soit en hommes ; et ainsi « se forma dans ces contrées quelque chose de « tout à fait semblable à l'état du clergé en « Europe au moyen âge (1). » On voit que le christianisme, en se mettant à la place du paganisme, n'en avait pas abjuré toutes les traditions, et que les chanoines de Saint-Martin de Tours étaient aussi soucieux de leurs intérêts humains que les prêtres de la Déesse arménienne. Mais lesquels, des prêtres payens ou des prêtres chrétiens, étaient les plus coupables? Évidemment ceux qui se disaient les disciples de Jésus.

Les rois de France de la troisième race, comme ceux des deux précédentes, donnent aux églises, avec de vastes domaines, les serfs qui en font partie. Je citerai quelques-uns des actes nombreux des deux premiers rois, de Hugues Capet, qui, aidé par la trahison

(1) Creuzer, *Religions de l'antiquité*, traduction de M. Guigniaut, 1re partie du tome II, pages 77-80, Paris, 1829.

d'un évêque, usurpa la couronne, en toute sûreté de conscience, et de son fils Robert, qui fut associé à son usurpation et en recueillit les fruits.

Le chef de la nouvelle dynastie, voulant attacher le clergé à sa cause, débute par un acte général de 987, qui confirme les églises dans tous leurs priviléges et dans toutes les donations qui leur avaient été faites précédemment, donations qui, ainsi qu'on l'a vu, spécifiaient expressément la possession des esclaves ou des serfs attachés à la culture des terres. Cet acte se fonde sur ce considérant qu'il convient de donner à Dieu ce qui lui appartient (1). Comme il est évident que Dieu

(1) « Cùm sit dignum Deo omnia bona referre et « quæ sunt Dei Deo dare ut divina bonitas multipli- « cet semen regale nostrum in suî honorem et utili- « tatem gentium, omnes ecclesiarum libertates, dona « et privilegia firmiter et devotè confirmamus.» (*Recueil des historiens des Gaules et de la France* par des religieux bénédictins de Saint-Maur, tome X, Paris, 1760.)

est le maître souverain de toutes choses, Hugues Capet aurait pu donner la France entière à ceux qui s'étaient constitués les mandataires et les représentants de la Divinité sur terre ; sachons-lui donc gré de sa modération.

Après l'acte général vinrent les actes particuliers de confirmations ou de donations nouvelles, sollicités par les divers monastères. Ainsi, par un acte de la même année, il confirme les possessions du monastère de Saint-Vincent de Laon (1). Actes de même date en faveur du monastère de Saint-Martin de Tours (2), de 988 en faveur du monastère de Sainte-Colombe de Sens (3), de 989 en faveur

(1) « Nec eisdem sanctis locis suisque subjectis « omnibus aliquam contrarietatem injustè inferat, « *neque de rebus vel hominibus ad ipsas ecclesias perti-* « *nentibus*, sive modò habitis sive in futuro conferen- « dis. » (*Ibidem.*)

(2) « ....*Servos* super terram ipsius basilicæ com- « manentes. » (*Ibidem.*)

(3) Mêmes expressions. (*Ibidem.*)

du monastère de Saint-Maur-les-Fossés (1), de 990 en faveur de l'église d'Orléans (2).

Robert II a dû son surnom de *pieux* à de nombreuses concessions faites au clergé. En voici quelques-unes. Actes de 999 en faveur du monastère de Saint-Magloire de Paris (3), de 1002 en faveur du monastère de Saint-Germain d'Auxerre (4), de 1003 en faveur du monastère d'Argenteuil (5), de 1004 en faveur du monastère de Saint-Martin (6), de 1005 en faveur du monastère de Saint-Bénigne de Dijon (7), de 1007 en faveur du monastère de Beaumont près de Tours (8), de 1014 en faveur de l'église Saint-Denis de Paris (9), de 1017 en faveur du monastère de Preuilly (10), de 1021 en faveur du monastère de Sainte-Marie de Bonne-Nouvelle d'Orléans (11), de 1022 en faveur du monastère de Mici (12).

(1 et 2) Mêmes expressions. (*Ibidem.*)

(3) «.... *Servos* super terram ipsorum commanentes. » (*Ibidem.*)

(4-12). Mêmes expressions (*Ibidem.*)

Par une bulle de 998, le pape Grégoire V confirme l'abbaye de Sainte-Marie et de Saint-Pierre de Montmajour dans ses possessions, au nombre desquelles il mentionne les serfs des deux sexes (1).

Le concile de Léon, 1012, défend (canon 7) d'acheter l'héritage d'un serf de l'Eglise (2).

Par une charte de la même année, Godefroi, vicomte de Bourges, rend à l'abbaye de Saint-Ambroise plusieurs domaines avec les serfs des deux sexes qui en faisaient partie (3).

(1) «Monachi ipsius cœnobii simul cum abbate qui « pro tempore fuerit, prætaxatas ecclesias, oracula, « cortes, massaricios, *servos*, *ancillas*, aldiones et al- « dianas, sine alicujus majoris vel minoris personæ « contradictione habeant, teneant et possideant. » (Bullaire de Cocquelines, tome Ier, Rome, 1739.)

(2) « Decrevimus iterùm ut nullus emat hæredita- « tem *servi* ecclesiæ; qui autem emerit eam, perdet « eam et pretium. » (*Collection des conciles*, tome XXV, Paris, 1644.)

(3) « Totam ecclesiam Pardulfi Doumogilo et om- « nia quæ ad ipsam ecclesiam pertinent, silicet *servos* « *et ancillas*, decimas et omnia debita illorum. » (*Gal-*

Voici un cas où l'Église, en consacrant l'esclavage, tirait profit du libertinage de ses prêtres. Le 3e concile de Rome, 1051, tenu par Léon IX contre Grégoire, évêque de Verceil, qui vivait avec la veuve de son oncle, décide que les femmes qui auront vécu à Rome avec des prêtres seront adjugées au palais de Latran. Pierre Damien nous apprend que cette décision fut appliquée à d'autres églises, dont les évêques devaient réclamer comme leur appartenant toutes les femmes qui s'étaient livrées aux prêtres de leur juridiction. Qu'on juge de l'aspect que devaient présenter telles maisons épiscopales (1).

lia christiana, instrumenta ecclesiæ Bituricensis, art. 57, tome II, Paris, 1720.) Suit, dans les mêmes termes, l'énumération d'un grand nombre d'autres domaines rendus à la même abbaye.

(1) « In plenariâ planè synodo, sanctæ memoriæ « Leo Papa constituit ut quæcumque damnabiles fœ-« minæ intrà romana mænia reperirentur presbyte-« ris prostitutæ, ex tunc et deinceps Lateranensi pa-« latio adjudicarentur ancillæ. Quod videlicet salu-« tare statutum *æquitatis justitiæque plenissimum*, nos

On lit, dans un cartulaire provenant du chapitre de Saint-Silvain de Levroux, un acte de donation, accordé aux chanoines, en 1075, par Raoul, prince de Déols, et confirmé, en 1217, par un de ses successeurs, Guillaume de Chauvigny, en vertu duquel tout homme ou femme, attaqué du *mal* ou *feu Saint-Silvain*, et qui aurait été exposé sous le porche de l'église, devenait serf du chapitre, lui et sa postérité (1). Dans les seules années 1231 et

« etiam per omnes ecclesias propagandum esse decer-
« nimus, quatenùs præcepto priùs apostolicæ sedis
« edicto, unusquisque Episcopus ecclesiæ vindicet
« famulas, quas in suâ parochiâ deprehenderit sacri-
« legâ presbyteris admixtione prostratas, æquitatis
« scilicet jure, ut quæ sacris altaribus rapuisse servo-
« rum Dei convincuntur obsequium, ipsæ hoc saltem
« Episcopo per *diminuti captiis sui* suppleant famula-
« tum. » (*Collection des conciles*, *ibidem.*)

(1) Cette singulière concession est ainsi conçue : « Dono et concedo in perpetuum ecclesiæ sancti Sil-
« vani de Leproso et canonicis in eâ deservientibus,
« *homines et fœminas ad meum dominium pertinentes,*
« quicumque igne sancti Silvani atque Silvestri et
« aliorum sanctorum qui in eâdem requiescunt eccle-

1232, 17 individus malades, dont 10 hommes et 7 femmes, se présentèrent sous le porche de l'église. On jugera du nombre de serfs que dut acquérir le chapitre pendant des siècles quand on saura que les chanoines avaient *un capitaine* pour garder leurs immunités et franchises, que leur église était fortifiée, et que Charles VII leur permit en outre, en 1435, *de faire clore de murs, barbacanes, ponts-levis et autres fortifications la ville de Levroux pour y mettre à couvert eux et leurs sujets*. Qu'était-ce donc que ce *mal Saint-Silvain* qui leur procurait tant de *sujets?* D'après l'étymologie du nom de Levroux (1), c'était

« siâ, patrocinia postulantes in porticu ejusdem eccle-« siæ cum aliis hujusmodi languidis jacebunt, et « *omnes hæredes qui ab illis deinceps exibunt*, et collec-« tas et exactiones et omnes consuetudines quas in « illis hominibus et vitâ et morte solitus eram ha-« bere. » (*Documents inédits sur l'histoire de France*, publiés par M. Champollion-Figeac, tome Ier, Paris, 1841.) Le cartulaire d'où cet acte a été extrait est déposé aux archives départementales de l'Indre.

(1) En latin *Leprosum*.

vraisemblablement cette lèpre, rare aujourd'hui et que la misère et l'ignorante saleté du moyen âge rendaient commune et laissaient se multiplier sur tous les points, comme l'indiquent les restes encore subsistants de tant de léproseries. On conçoit quelle bonne fortune était ce mal pour des chanoines qui se gardaient bien de l'extirper. Aussi, malheur à qui se serait permis de le guérir ! Hâtons-nous de fournir la preuve de cette accusation : car le fait qui en est l'objet est tellement odieux, qu'elle pourrait, au premier abord, ressembler à une calomnie. Le cartulaire conserve avec une naïveté cruelle la formule même du serment que les chanoines firent prêter à à une femme, en 1263, *de ne plus se mêler de guérir ceux qui seraient attaqués du mal Saint-Silvain, sauf le seigneur ou quelqu'un des siens,* à peine de 10 livres de monnaie courante. Mais peut-être cette défense avait-elle seulement pour but d'empêcher quelque commère imbécile de se mêler de médecine. Impossible de s'arrêter à cette supposition; car ces mots si remarquables, *sauf le seigneur ou quelqu'un des siens*, prouvent que les chanoines croyaient bien véritablement à l'efficacité du traitement de la femme en question. Ce traitement nous paraîtrait peut-être aujourd'hui quelque peu hasardé; mais, dans tous les cas, il devait bien valoir celui qui consistait à exposer au froid et au vent, sous un porche d'église, de pauvres infirmes, qui devaient attendre là l'intervention miraculeuse de *saint Silvain et Silvestre et autres saints*. La lèpre qui n'attaque que le corps n'est pas, comme on voit, le plus grand des maux de notre espèce. N'est-il pas bien temps qu'elle guérisse de la lèpre qui souille et dévore les âmes?

Le cartulaire de l'abbaye de Saint-Père de Chartres contient un acte de 1080, par lequel un comte donne aux moines un certain nombre de serfs pour le salut de son âme, et à la condition qu'à perpétuité, les jours de fêtes exceptés, on chantera pour lui un psaume après litanies (1).

En 1084, le pape Grégoire VII, assiégé dans la forteresse appelée aujourd'hui château Saint-Ange, sollicite le secours de son allié Robert Guiscard, duc de Pouille, qui, après avoir attaqué Rome et l'avoir mise à feu et à sang, en vend une partie des habitants comme esclaves.

En 1086, Guillaume le Conquérant, qui s'était partagé avec ses compagnons d'armes le sol de l'Angleterre, fit dresser un état de toutes les terres du royaume. Dans ce cadas-

(1) « Ego comes Tedbaldus, in Dei nomine, pro re« medio animæ meæ, *quosdam servos mei juris, natos* « *ex servis meis ancillisque* sancti Petri Carnotensis, « cum uno servo meo libero, trado monachis ipsius « loci, ut ab hâc die, servitium debitum persolvant. « Eâ denique conventione hoc annuo ut, omni tem« pore exceptis feriatis diebus, in pleno conventu, mi« chi psalmus post lætaniam ab eisdem fratribus de« cantetur. » (Guérard, *Cartulaire de l'abbaye de Saint-Père de Chartres*, part. I, livre 6, chapitre 31, tome Ier, Paris, 1840.)

tre, qui nous a été conservé, des possessions du roi, des évêques, des monastères et des seigneurs, le dénombrement détaillé des serfs appartenant à chaque fief figure à côté de celui des pourceaux, des brebis, des bœufs, des chariots, des moulins, etc. (1).

Un concile tenu à Londres par saint Anselme, en 1102, nous apprend qu'en Angleterre on vendait alors les hommes à l'égal des brutes. Le concile intervient du reste pour prohiber ce commerce.

Dans cette même année 1102, des serfs se révoltèrent contre le monastère de Saint-Arnoul. Ils prétendaient, entre autres choses, se marier sans le consentement des moines, épouser des femmes libres et donner leurs filles libres à des étrangers. On les admit à plaider leur cause en présence de la comtesse Adèle, femme de Hugues, frère du roi Philippe Ier, et il va sans dire qu'ils furent con-

(1) *Domesday book*, Londres, 1783.

fondus et qu'ils finirent par se soumettre (1).

En 1107, les moines de Saint-Pierre et les chanoines de Saint-Martin de Chartres se disputaient deux familles de serfs. Des amis communs, peu édifiés sans doute de ce spectacle, étant intervenus pour les exhorter à la paix, ils finirent par convenir qu'ils se parta-

(1) « Notum fieri volumus tàm præsentibus quàm « futuris quosdam servos et ancillas beati Arnulfi in « contradictionem et rebellionem contrà ecclesiam et « monachos sancti Arnulfi aliquandò venisse, et in « tantum numerum eorum et tumultum popularem « valuisse ut omninò comeatum uxorum ducenda- « rum et partem suarum pecuniarum, quam vulgò « mortuamanum dicimus, se daturos denegarent, li- « berasque uxores se ducturos absque ullo respectu « monasterii, filiasque liberas alienis daturos se ad- « firmarint... Confessi et legitimo judicio convicti et « comprobati in præsentià Comitissæ et Baronum « omnium et innumeri populi, qui huic discussioni « interfuerant, *se servos et ancillas et omnem suam pos- « teritatem suæ generationis in perpetuum ecclesiæ « sancti Arnulfi cognoverunt.* » (Guérard, *Polyptyque de l'abbé Irminon*, tome III, *Appendix*, ch. XXXII, Paris, 1844.)

geraient ces serfs comme on se partage un troupeau (1).

Au XIIe siècle, les marchés irlandais sont jonchés d'esclaves.

Par un acte de 1145, le pape Eugène III confirme l'abbaye de Saint-Remi de Reims non-seulement dans toutes ses possessions présentes, parmi lesquelles figuraient des

(1) « Dicebant enim canonici illas esse juris eccle-
« siæ suæ ; nos autem pluribus nitebamur rationibus
« quibus nostri juris eas esse probare putabamus.
« Quia verò grave malum est esse inter duas eccle-
« sias lites nec ipsi nec nos ignorabamus, placuit eis
« et nobis, gloriosâ comitissâ Adalâ id præcipiente,
« monente et laudante, et quibusdam aliis probis viris
« qui nos et eos videbantur diligere idem hortantibus
« et conciliantibus, ut, sine lite et placito, quatenùs
« pax et dilectio incorrupta inter nos maneret, *servos*
« *illos divideremus*. Illa autem divisio sic disposita
« fuit ut nobis duo fratres, filii Martini, qui sancti
« Petri homo fuerat, remanerent, Albertus et Gum-
« baldus, ipsi vero canonici reliquos de quibus que-
« rela fuerat possiderent. » (Guérard, *Cartulaire de l'abbaye de Saint-Père de Chartres*, part. 2, livre II, chap. LX, tome II.)

serfs en nombre très-considérable, mais encore dans toutes les donations dont elle devait être l'objet à l'avenir (1).

Lorsque, au XIIe siècle, les communes commencèrent à s'établir en France, voyez comment des ecclésiastiques accueillirent cet essai d'affranchissement. Guibert, abbé de Sainte-Marie de Nogent, nous apprend qu'un archevêque de Reims, qu'il appelle *vénérable* et *sage*,

(1) « Dilecti in Domino filii, vestris justis postula-« tionibus clementer annuimus, et præfatum monas-« terium in quo divino mancipati estis obsequio, « sub B. Petri et nostrâ protectione suscipimus, et « præsentis scripti privilegio communimus; statuen-« tes ut *quascumque possessiones*, *quæcumque bona* in « præsentiarum justè et canonicè possidetis aut in « futurum concessione Pontificum, liberalitate Re-« gum, largitione Principum, oblatione fidelium, seu « aliis justis modis, præstante Domino, poteritis adi-« pisci, firma vobis vestrisque successoribus et illibata « permaneant. » (Guérard, *Polyptyque de l'abbaye de Saint-Remi de Reims*, *Appendix*, Paris, 1853.) Le chapitre XXV donne la somme des possessions de l'abbaye et des revenus de toutes sortes payés par les divers colons.

qualifiait publiquement d'*exécrable* cette institution par laquelle *les serfs se soustraient contre tout droit et violemment au domaine de leurs maîtres* (1).

Dans la seconde moitié de ce XIIe siècle, le pape Alexandre III confirme plusieurs églises dans la pleine possession de tous leurs biens, au nombre desquels figurent les serfs des deux sexes. Beaucoup d'autres papes ont accordé de pareils actes de confirmation ; mais je cite par-

(1) L'orateur étayait son invective sur le texte de l'apôtre saint Pierre, que j'ai cité plus haut : « Inter « Missas sermonem habuit de *execrabilibus communiis illis* in quibus contrà jus et fas violenter servi « à dominorum jure se subtrahunt. *Servi*, inquit « apostolus, *subditi estote in omni timore dominis*. Et « ne servi causentur duritiam vel avaritiam domino- « rum, adhuc audiant : *Et non tantùm bonis et mo- « destis sed et dyscolis*. Planè in authenticis canonibus « damnantur anathemate qui servos dominis religio- « nis causâ docuerunt inobedire, aut quovis subter- « fugere nedùm resistere. » (Guibertus, *De vitâ suâ*, lib. III, cap. X, dans le *Recueil des historiens des Gaules et de la France*, par des religieux bénédictins, tome XII, Paris, 1781.)

ticulièrement ceux d'Alexandre III, parce qu'on lui a attribué, je ne sais sur quel fondement, l'intention d'abolir la servitude. Adam Smith prétend qu'il publia une bulle pour l'émancipation générale des esclaves; il ajoute toutefois que cette bulle, dont il ne donne pas la date, contenait plutôt une pieuse exhortation qu'un ordre formel adressé aux fidèles (1). Je l'ai vainement cherchée dans le Bullaire de Cocquelines, publié à Rome, et où j'ai trouvé au contraire un très-grand nombre de bulles du même pape, écrites pendant tout le cours de son long pontificat, et confirmant aux églises et aux monastères leurs immenses possessions, dans lesquelles on sait qu'au XIIe siècle étaient compris les serfs. Je citerai trois de ces bulles, qui embrassent par leurs dates un espace de seize ans, et dont les termes formels ne permettent guère d'attribuer à Alexandre III

(1) *An inquiry into the nature and causes of the wealth of nations*, book III, ch. II, vol. II, Londres, 1786.

la pensée d'abolir l'esclavage. La première est adressée, en 1163, au prieur du monastère de Norsham (1), la seconde, en 1169, à l'église d'Ast (2), et la troisième, en 1179, à l'archevêque de Cologne (3). Dans sa *Requête au Roi pour les serfs de Saint-Claude*, Voltaire, après avoir cité les édits publiés par Louis X en 1315 et par Philippe V en 1318, et relatifs à l'affranchissement des serfs, ajoute que *le pape Alexandre III, dans un concile tenu à Rome*,

(1) « Villam de Norsham *cum hominibus*, terris, « nemoribus, pascuis et pertinentiis suis. » (Tome II, Rome, 1739.)

(2) « Plebem Pizentianæ cum castro, villâ et capi-« tulo totius plebatûs, *servis et ancillis*... Ecclesiam de « Podanengo cum decimis et pertinentiis suis, qua-« tuor mansos in eodem loco *cum servis et ancillis*, « curtem unam quæ dicitur Mons Tegletus *cum servis* « *et ancillis*. » (*Ibidem*.)

(3) « Villas, vicos et castella cum omnibus eorum « pertinentiis, *servis* videlicet, *ancillis*, terris cultis et « incultis, aquis, pratis, campis, silvis, forestis... si-« cut *hæc omnia rationabiliter possides*, tibi tuisque « successoribus authoritate apostolicâ confirmamus.» (*Ibidem*.)

approuva et ratifia ces maximes de nos généreux monarques. Il ne donne pas la date de ce concile, et il y a tout lieu de croire qu'il commet ici une de ces erreurs que les auteurs reproduisent souvent de confiance et sans vérification, et qui se propagent ainsi indéfiniment. Sous le pontificat d'Alexandre III, il ne s'est tenu à Rome que deux conciles, celui de 1168 et celui de 1179. Or on ne possède pas le texte du premier, et l'on sait seulement qu'il avait pour objet l'excommunication de l'empereur Frédéric Ier. Quant au dernier, qui est le troisième général de Latran, on ne trouve, dans les vingt-sept chapitres dont il se compose, aucune disposition qui abolisse la servitude, et l'on y lit au contraire deux chapitres qui l'autorisent. Après avoir excommunié ceux qui prêtent assistance aux Sarrasins et livré leurs biens aux princes catholiques, le concile déclare qu'ils seront les esclaves de ceux qui les saisiront (1). Cette décision fut confirmée,

(1) « Excommunicationi pro suâ iniquitate subjec-

en 1214, par une bulle du pape Innocent III (1). Le même concile de Latran permet aux princes de réduire en esclavage ces bandes de vagabonds, qu'on désignait alors sous les noms de Brabançons, Cottereaux, etc. (2).

Les prêtres et les moines grecs, après avoir

« tos et rerum suarum per sæculi Principes catholi-« cos et consules civitatum privatione mulctari, et « *capientium servos, si capti fuerint, fore censemus.* » (*Cap. XXIV*, Collection des conciles, tome XXVII, Paris, 1644.)

(1) « Innovamus prætereà excommunicationis sen-« tentiam in Lateranensi concilio promulgatam ad-« versùs eos qui Sarracenis arma, ferrum et ligna-« mina deferunt galearum, quique in piraticis Sar-« racenorum navibus curam gubernationis exer-« cent, eosque rerum suarum privatione mulctari et « *capientium servos, si capti fuerint, fore censemus.* (Bullaire de Cocquelines, tome III, Rome, 1740.)

(2) « Liberum sit Principibus hujusmodi homines « subjicere servituti. » (*Cap. XXVII.*) Cette permission se trouve dans le même chapitre où le concile anathématise les Vaudois et les Albigeois, et défend aux fidèles, sous peine d'excommunication, d'admettre ces hérétiques dans leurs habitations ou même sur leurs terres, et de communiquer avec eux.

secondé l'empereur Andronic dans le massacre qu'il fait des Latins (1183), réduisent en esclavage et vendent à leur profit ceux qui avaient cherché un refuge dans les églises (1).

Sous la régence de Blanche de Castille, mère de saint Louis, les chanoines de Notre-Dame de Paris, non contents de posséder, à Châtenay, des troupeaux de serfs, les traitaient avec une telle inhumanité que la reine exigea l'affranchissement de ces malheureuses familles et qu'il lui fallut venir en personne faire en-

(1) Guillaume de Tyr porte à plus de 4,000 le nombre de ces malheureux ; mais quand cet archevêque catholique oppose les schismatiques grecs aux Croisés, qui ne leur cédaient pas en fait de violences et de cruautés, son témoignage est empreint de beaucoup de passion et peut être tenu pour suspect d'exagération : « Eos qui ad se confugerant et quibus spem « dederant salutis, Turcis et aliis infidelibus populis « in perpetuam vendebant servitutem : ex quibus pro« miscui sexûs, ætatis et conditionis plùs quàm qua« tuor millia barbaris nationibus, pretio interve« niente, distracta esse dicuntur. » (*Historia belli sacri*, lib. XXII, cap. XII, dans le recueil intitulé *Gesta Dei per Francos*, tome Ier, Hanaw, 1611.)

foncer les portes des cachots où elles étaient enfermées.

Aux treizième et quatorzième siècles, ces beaux temps du régime féodal et de ses luttes sanglantes avec la royauté, le servage subit, dans diverses contrées de l'Europe et particulièrement en France, une modification qui aurait pu contribuer à l'amélioration du sort de la classe agricole, mais qui en réalité eut souvent pour résultat de l'aggraver. Ce fut alors, surtout au XIVe siècle, que prit de l'extension l'affranchissement des serfs qui consentirent à acheter leur liberté au prix d'une multiplicité infinie de charges écrasantes, affranchissement dont on trouve déjà des exemples au XIIe siècle en même temps que de cet établissement des communes qui fit jeter à quelques membres du clergé ces cris de colère dont j'ai donné plus haut un spécimen (1). Le

(1) « *Execrabilibus communiis illis*, etc. » (Voir la note de la page 121.)

servage finit ainsi par être remplacé, à diverses époques et dans diverses provinces, par le système des redevances, dîmes, corvées, tailles, etc., qui n'était guère moins odieux, et que l'Assemblée constituante abolit, dans sa célèbre séance de la nuit du 4 août 1789. Plusieurs rois de France avaient trouvé dans ce système une mine à exploiter pour se procurer de l'argent (1). Leur exemple fut ensuite

(1) Les conditions de ces affranchissements étaient si dures que les affranchis se virent souvent réduits à regretter leur précédent état. Il existe une ordonnance de 1318, par laquelle Philippe V révoque, sur la demande des habitants de Bourbonne et de Chante-Merle, le droit de commune qui leur avait été précédemment accordé. Voici ce très-remarquable monument :

« Notum facimus universis tàm præsentibus quàm « futuris quòd ad nostram nuper accedentes præsen- « tiam homines et habitatores villarum de Borbonâ, « de Cantu-Merulæ et de villagiis ad ipsas spectantibus, « nobis exponi fecerunt quòd, cùm ipsi, ex nostrorum « concessione prædecessorum ab antiquo per cartam « regiam eis factâ, communiam ac jus commune, nec- « non justitiam hominum et mulierum Regis, unà

imité plus ou moins volontairement par les seigneurs laïques et ecclésiastiques.

« cum forefacturis et commissis ac pluribus redditi-
« bus annuis habuerint, et pacificè gavisi fuerint de
« præmissis nunc usquè, reddendo nobis et dictis
« prædecessoribus nostris centum et septuaginta li-
« bras Turonenses, videlicet annis singulis, pro præ-
« missis quæ, ut præfertur, habuerunt hactenùs in
« villis et locis supradictis ; præfati homines et habi-
« tatores tantis, ut asserunt, premuntur et variis et di-
« versis causis, debitorum oneribus et indulgentiis,
« quòd dictam communiam juraque et libertates
« ejusdem tueri et servare commodè nequeunt, nec
« ipsius communiæ onera quomodolibet sustinere.
« Quare nobis ex parte ipsorum hominum et habita-
« torum prædictæ communiæ ac villarum prædicta-
« rum, instanter humiliterque supplicato ut nos dic-
« tam communiam ad nos revocare, ac eamdem cum
« justitiâ, juribus et libertatibus, franchisiis, ac omni-
« bus redibentiis et pertinentiis ipsius communiæ,
« quibus omnibus et singulis renuntiare omninò vole-
« bant, amovere ab habitatoribus ac villis et locis
« prædictis dignaremur : nos eisdem in hâc parte
« propitio compatientes affectu, ac instantem, ut præ-
« mittitur, ipsorum supplicationem gratiosè exaudire
« volentes, dictâ renuntiatione coram nobis ex parte
« dictorum hominum et habitatorum villarum et lo-
« corum prædictorum spontè et liberè factâ et à nobis

Mais, pendant que, dans le vieux monde, se préparait ainsi lentement et par les plus durs sacrifices l'ère de l'entière délivrance des vilains, qui ne devait s'ouvrir définitivement que plusieurs siècles plus tard, voilà qu'à la fin du XVe siècle et au commencement du XVIe, les nations européennes les plus attachées à la foi chrétienne s'en vont établir chez les peu-

« admissâ, dictam communiam, cum justitiâ, juribus, « libertatibus, franchisiis, redibentiis et pertinentiis « suis omnibus ad nos revocamus, et ab eisdem ho- « minibus et habitatoribus, ac villis, villagiis et locis « prædictis totaliter et in perpetuum amovemus per « præsentes, ac ipsos habitatores et villas, villagia lo- « caque prædicta de dictis centum et septuaginta li- « bris Turonensibus pro dictâ communiâ nobis annua- « tim debitis, ut præfertur, exoneramus penitùs et « quittamus; ipsos ad libertates, consuetudines, usa- « gia, franchisias, quas et quæ habebant, quibusque « utebantur antequàm dicta communia concedere- « tur eisdem, tenore præsentium reducentes et volen- « tes ut ipsi libertatibus, consuetudinibus, usagiis et « franchisiis utantur et gaudeant, sicuti dictæ con- « cessionis tempore faciebant. » (De Vilevault et de Bréquigny, *Ordonnances des Rois de France de la troisième race*, tome XII, Paris, 1777.)

plades paisibles du nouveau monde non plus le servage féodal, mais l'ancien esclavage, et cet asservissement est bientôt suivi de celui des noirs africains. Ferdinand, surnommé le Catholique, qui organisa en grand le saint-office et chassa les juifs d'Espagne; puis son successeur, Charles-Quint, cet empereur qui faisait brûler vifs les anabaptistes en Hollande et enterrer leurs femmes toutes vivantes, et qui finit par abdiquer pour se faire moine, permettent et protégent l'asservissement des Indiens, que le pape Paul III (1537) voulait pourtant bien reconnaître pour *des hommes véritables*, et consentent à l'importation des nègres.

Au commencement du XVIIe siècle, les Portugais font en grand et légalement la traite des nègres.

Louis XIII ou plutôt son maître, le cardinal de Richelieu, consent à faire cultiver nos colonies par des esclaves nègres, sous prétexte de convertir ces derniers au christianisme.

En 1650, les Anglais vendent aux Américains 8,000 Écossais, faits prisonniers à la bataille de Worcester, et, en 1655, ils conduisent à la Jamaïque et y vendent 1,000 jeunes filles irlandaises.

Dans le cours du XVIIIe siècle, les Français disputent aux Portugais, aux Hollandais et aux Anglais le monopole de la traite, jusqu'à ce que ce privilége demeure aux Anglais. Les navires sortis du seul port de Liverpool ont, dans l'espace de dix ans, acheté en Afrique et transporté dans les Antilles 304,000 noirs. Sur la fin du siècle dernier, on comptait plus de cinq millions de nègres esclaves dans les colonies des diverses nations européennes, et les prêtres chrétiens, établis dans ces colonies, loin de s'opposer à cet état de choses, en avaient fait eux-mêmes leur profit. « Il ne peut pas « être contesté, dit M. Granier de Cassagnac, « que les missionnaires établis en Amérique « aient, en tout temps, accepté l'esclavage des « noirs. Les relations circonstanciées qui se

« trouvent dans le recueil des *Lettres édifian-*
« *tes*, sur les missions des Guyanes, du Pérou,
« de la Californie, du Chili et du Paraguay,
« prouvent jusqu'à la superfluité l'existence
« de l'esclavage des noirs, soit sur les habi-
« tations des couvents et des colléges des
« religieux soit auprès des religieux eux-
« mêmes (1). »

Des auteurs évaluent à plus de cinquante millions le nombre d'habitants enlevés à l'Afrique jusqu'à ce jour par la traite.

Bonaparte venait à peine de rétablir en France la religion chrétienne, lorsqu'il rétablit dans les colonies françaises l'esclavage légal, aboli par la Révolution, et la traite des noirs. Le décret qui rétablit le culte chrétien est du 18 germinal an X (7 avril 1802), et celui qui rétablit l'esclavage et la traite est du 30 floréal suivant (19 mai 1802). Ils sont donc séparés l'un de l'autre par un intervalle de

(1) *Voyage aux Antilles*, 2e partie, ch. XVI, *Conduite de l'Eglise dans les temps modernes*, Paris, 1844.

quarante-deux jours seulement. L'autorité pontificale et le clergé de France ont-ils fait entendre alors quelque plainte et élevé quelque réclamation ? Ils étaient encore trop occupés du soin de célébrer les louanges du nouveau Constantin.

Le rapport qui précède le décret du 13 mars 1820, par lequel les jésuites furent expulsés de la Russie, constate que ces prêtres chrétiens possédaient en Pologne 22,000 serfs. L'empereur Alexandre, qui certes n'avait pas un respect exagéré pour la dignité humaine, ayant rencontré dans ses voyages quelques-uns de ces serfs, fut si choqué de l'excès d'ignorance et de misère auquel les bons pères les abandonnaient, qu'il fit écrire au général de l'ordre pour lui adresser de vifs reproches (1).

Après s'être repue à satiété de la vente des hommes, l'Angleterre a été entre les nations

(1) *La Russie et les Jésuites*, par Henri Lutteroth, Paris, 1845.

européennes l'une des plus empressées à l'abjurer solennellement et à la proscrire (1807). On a dit qu'il ne fallait louer qu'avec réserve cette subite contradiction, et que l'abolition de la traite des nègres avait été dictée à nos habiles voisins par le calcul bien entendu de leurs intérêts. Cela est possible, probable même. S'il en était ainsi, le motif amoindrirait singulièrement le mérite de l'action ; mais je n'en ai pas la preuve. Je loue donc simplement l'initiative prise par l'Angleterre. Je voudrais pouvoir attribuer ce mérite à la France; mais les faits sont là qui ne le permettent pas. Dans un instant de généreux entraînement, la Convention avait, sur la proposition des députés Vadier, Levasseur et Lacroix, voté l'affranchissement des esclaves des colonies. Voici les termes de cette résolution, prise dans la séance du 16 pluviôse an II (4 février 1794) : « La « Convention nationale déclare abolir l'escla- « vage des nègres dans toutes les colonies; en « conséquence, elle décrète que tous les hom-

« mes, sans distinction de couleur, domici-
« liés dans les colonies, sont citoyens français,
« et jouiront de tous les droits assurés par la
« Constitution (1). » Mais ce vote eut peu de résultats ; car le pouvoir exécutif d'alors ne sut pas prendre les mesures nécessaires pour en assurer la pleine exécution, jusqu'à ce que, par son décret du 19 mai 1802, Bonaparte rétablit l'esclavage et la traite. L'exemple de l'Angleterre a eu du retentissement dans le monde et a été imité par les autres États européens. Aucun de ces États à l'heure qu'il est ne permet la traite, et tous se réunissent pour la proscrire. Mais pourquoi en est-il qui, sourds aux réclamations de la philanthropie, refusent opiniâtrément d'émanciper la race noire des colonies, qu'ils retiennent encore dans l'abrutissement et la dégradation morale, quand il est reconnu que cette mesure d'émancipation est la conséquence et la seule garantie de l'a-

(1) *Moniteur* du 17 pluviôse an II (5 février 1794).

bolition de la traite (1) ? En juillet 1844, lord Aberdeen avouait en plein parlement que tous les efforts de l'Angleterre pour empêcher la traite ne paraissaient pas avoir jusqu'ici réduit le nombre des malheureux arrachés à l'Afrique. Lord Palmerston affirmait que ce nombre s'élevait annuellement à 150,000 hommes, et que la mortalité était parmi eux de 2 sur 3. On ne compte pas ceux qui ont été inhumainement jetés à la mer tout vivants, soit parce qu'ils étaient dans un état à ne pouvoir plus être vendus, soit parce que les vaisseaux qui les portaient étaient poursuivis et sur le point d'être capturés. On ne fait pas entrer non plus dans ce compte le nombre très-considérable de victimes que fait la chasse aux esclaves sur les lieux mêmes où elle se pratique (2). La croi-

(1) L'esclavage existe encore aujourd'hui au Brésil, dans les colonies de l'Espagne et dans quelques-unes des colonies du Portugal et de la Hollande.

(2) Voici ce qu'en dit le docteur Livingstone qui en a été récemment témoin sur les bords du Zambèse :

sière anglaise a capturé 75 bâtiments négriers, du 1er avril 1844 au 26 août 1845. Une lettre d'un

« Les captifs qu'on arrache du pays ne forment « qu'une légère fraction des victimes de la traite. « Nous n'avons pu nous faire une idée réelle de ce « commerce atroce qu'en le voyant à sa source. Pour « quelques centaines d'individus que procure une de « ces chasses, des milliers d'hommes sont tués ou « meurent de leurs blessures, tandis que les autres, « mis en fuite, expirent de faim et de misère. D'au- « tres milliers périssent dans les guerres civiles ou de « voisinage, tués, qu'on ne l'oublie pas, par les de- « mandes des acheteurs d'esclaves de Cuba et d'ail- « leurs. Les nombreux squelettes que nous avons « trouvés dans les bois ou parmi les rochers, près des « étangs, le long des chemins qui conduisent aux vil- « lages déserts, attestent l'effroyable quantité d'exis- « tences sacrifiées par ce trafic maudit. D'après ce « que nous avons vu de nos propres yeux, nous avons « la ferme conviction, et jamais opinion ne fut plus « consciencieuse, que chaque esclave ne représente « pas le *cinquième* de ses victimes. Si nous pre- « nions même la vallée de Chiré pour base de nos « calculs, nous dirions que, terme moyen, il n'y a « pas un *dixième* des victimes de la traite qui arrive « à l'esclavage. En considérant une perte d'hommes « aussi effrayante (une perte de travail, dirons-nous « à ceux qui comptent), et quand le système qui fait

officier de la marine anglaise, publiée par le *Times* et dont la *Presse* du 19 octobre 1845 a donné des extraits, contient ce remarquable « aveu : Si les sacrifices qu'on prodigue attei- « gnaient le but qu'on se propose, s'ils avaient « pour effet d'entraver la traite, on les compren- « drait, et les victimes qu'on envoie tous les « ans périr sur ces côtes pestilentielles se ré- « signeraient à leur sort. Mais il n'en est point « ainsi. Tous les moyens que nous employons « et que nous pouvons employer échouent mi- « sérablement, ou plutôt *leur unique résultat* « *est de décupler les horreurs de la traite*. Pour « compenser les chances qu'ils courent, les « négriers entassent un plus grand nombre de « malheureux dans d'étroits espaces, et, en

« cette monstrueuse dépense, perpétue la barbarie « dans les lieux où il règne, devra-t-on donner comme « argument en sa faveur que les esclaves peuvent « quelquefois rencontrer de bons maîtres? » (*Le Tour du monde*, 7e année, no 324, Paris, 1866, *Le Zambèse et ses affluents*, traduction de madame Loreau.)

« dépit de toute notre vigilance, des quantités « considérables de noirs sont régulièrement « débarquées au Brésil, à la Havane et ail-« leurs. » Une autre lettre écrite de New-York le 2 février 1856, et publiée par la *Presse* du 15 du même mois, contenait la nouvelle suivante : « Quinze cents esclaves viennent « d'être introduits d'Afrique à la Havane par « trois bâtiments négriers, ce qui donne une « singulière idée de l'utilité des croiseurs an-« glais et français chargés de la répression de « la traite. » Enfin, en 1852, il y avait encore, en Amérique et dans les établissements européens de la côte d'Afrique, 7,583,000 esclaves, et ces esclaves appartenaient à des chrétiens la plupart catholiques (1).

Il n'y a pas longtemps que la France elle-même était du nombre des Etats possédant des esclaves dans leurs colonies. On ne croirait pas, si l'on ne lisait la pièce officielle sui-

(1) De Molinari, article *Esclavage* dans le *Dictionnaire d'économie politique*, Paris, 1852.

vante, que son gouvernement se faisait encore, en 1840, marchand d'esclaves, et que ces malheureux étaient achetés par des chrétiens *à l'issue de la messe.*

« Au nom du roi, la loi et la justice, on « fait savoir à tous ceux qu'il appartiendra « que, le dimanche 26 du courant, sur la « place du marché du bourg Saint-Esprit, à « l'issue de la messe, il sera procédé à la « vente, aux enchères publiques, de l'esclave « Suzanne, négresse, âgée d'environ 40 ans, « avec ses six enfants, de 13, 11, 8, 7, 6 et 3 « ans, provenant de saisie-exécution. Payable « comptant. 2 juin 1840. Signé : l'huissier « du domaine, J. Chatenay. » (Extrait du journal officiel de la Martinique.)

On ne croirait pas davantage, si le ministre de la marine n'était venu en faire l'aveu à la tribune de la Chambre des Députés (séance du 3 juin 1845), que le plus grand nombre de nos magistrats des colonies, 75 sur 136, étaient créoles ou mariés à des créoles, et par conséquent intéressés au maintien de l'esclavage. Dans la même séance, M. de Lasteyrie, rapporteur de la commission chargée de l'examen du projet de loi relatif au régime de l'esclavage dans les colonies, en confirmant cet aveu du ministre de la marine, est venu y ajouter, et a déclaré que, sur les 61 autres magistrats métropolitains, beaucoup étaient propriétaires d'esclaves et qu'il y avait, *dans le clergé colonial, un certain nombre de prêtres possédant des esclaves*. En juin 1847, sur 157 magistrats des colonies, il y en avait 81 de colons ou de mariés à des créoles.

Dès les premiers jours de la révolution de Février, le gouvernement républicain a effacé d'un courageux trait de plume toutes ces hontes de la France, en décrétant (4 mars 1848) l'abolition immédiate de l'esclavage dans nos colonies. Il y avait des années que les pouvoirs législatifs du précédent régime tournaient autour de cette solution sans oser l'aborder directement, se contentant de décréter de ces demi-mesures, de ces palliatifs, de ces prétendus émollients qui ne font guère qu'irriter les plaies sur lesquelles on les applique. Les bons conseils n'avaient pas manqué pourtant à ces législateurs; c'étaient eux surtout qu'avait en vue un homme qui a étudié de près toutes les misères de la servitude, lorsqu'il disait à ceux qui, en admettant le principe de l'esclavage, prétendaient donner à l'esclave un peu de liberté, offrir quelque soulagement à son corps et quelque lumière à son esprit: « L'adoucissement qu'on « apporte au sort de l'esclave ne fait que rendre « plus cruelles à ses yeux les rigueurs qu'on « ne supprime pas; le bienfait qu'il reçoit de- « vient pour lui une sorte d'excitation à la ré- « volte. A quoi bon l'instruire? Est-ce pour « qu'il sente mieux sa misère, ou afin que, son « intelligence se développant, il fasse des ef- « forts plus éclairés pour rompre ses fers? « Quand l'esclavage existe dans un pays, ses « liens ne sauraient se relâcher sans que la vie « du maître et de l'esclave soit mise en péril,

« celle du maître par la rébellion de l'esclave, « celle de l'esclave par le châtiment du maître... « Si le possesseur d'esclaves était humain et « juste, il cesserait d'être maître ; sa domina- « tion sur ses nègres est une violation continue « et obligée de toutes les lois de la morale et de « l'humanité (1). » Ces paroles fort sensées, qui ont précédé de treize ans la mesure d'émancipation de 1848, en sont la meilleure justification. Avec l'esclavage il n'y a en effet qu'une mesure à prendre, le supprimer. Le possesseur d'esclaves le sait mieux que personne. Aussi se garde-t-il bien de relâcher les liens de ces malheureux. Il prétexte que l'état d'ignorance et d'abrutissement où ils sont réduits est tel qu'ils ne sauraient pas user de la liberté qu'on leur donnerait ou qu'ils en useraient d'une façon désastreuse. Parmi les arguments qui ont cours en faveur du maintien de l'esclavage

(1) Gustave de Beaumont, *Marie ou l'esclavage aux Etats-Unis*, appendice, *Note sur la condition sociale et politique des nègres*, etc., tome Ier, Paris, 1835.

ou de l'ajournement de son abolition, il n'en est point de plus effrontément sophistique. S'il prouvait quelque chose, il prouverait trop et par conséquent ne prouverait rien, puisqu'il s'ensuivrait, ce que personne n'ose dire, que l'institution de l'esclavage devrait durer à perpétuité. En effet, on ne saurait attendre des propriétaires d'esclaves qu'ils travaillent à les rendre dignes de la liberté et les préparent à en bien user : autant vaudrait demander aux despotes de travailler à rendre dignes et capables de se gouverner eux-mêmes les peuples qu'ils asservissent et corrompent de tout leur pouvoir. Et d'ailleurs, quelle impudence n'y a-t-il pas à venir reprocher aux esclaves les vices qu'on leur a donnés et à se faire de l'état d'infériorité intellectuelle et morale dans lequel on a grand soin de les maintenir un titre de légitime possession ! N'entend-on pas dire encore journellement qu'ils se trouvent bien de leur condition et que la plupart d'entre eux refuseraient l'affranchissement qu'on leur offrirait ? D'abord ce seraient les esclaves eux-mêmes qu'il faudrait consulter et entendre à cet égard. Et puis, si cela était vrai, ce serait la plus énergique condamnation de l'esclavage que l'on pût imaginer, puisque cette institution amènerait des hommes à un état de dégradation pire que celui des bêtes qui ne font jamais l'entier abandon de leur liberté naturelle, et qui en reprennent l'exercice aussitôt qu'elles le peuvent.

Nous avions été devancés dans la voie de la civilisation par un Africain. Un décret de janvier 1846, d'Ahmed, bey de Tunis, a aboli l'esclavage dans ses Etats. Ce barbare n'était pourtant pas chrétien.

Par un rescrit du 28 juillet 1847, Christian VIII, roi de Danemark, a affranchi les enfants des esclaves qui naîtraient désormais dans les possessions danoises, et a décidé que l'esclavage devrait y être entièrement aboli dans un délai de douze ans. Il a été aboli de fait en juillet 1848, par le contre-coup de l'émancipation des esclaves de nos colonies, décrétée par le gouvernement provisoire.

L'Angleterre avait donné à l'Europe, dès 1833 et 1838, le généreux exemple de l'affranchissement de ses nègres des Antilles. Nous avons maintenant le droit de lui demander pourquoi elle continue d'avoir des esclaves dans l'Inde. Le 10 avril 1843, sir Robert Peel a annoncé au Parlement que le gouvernement venait d'y interdire la vente des esclaves et toute action en justice pour raison d'esclavage. C'est presque, mais ce n'est pas encore tout à fait l'abolition de l'esclavage.

Hier encore la Russie avait 40 millions de serfs, plus de la moitié de sa population totale. La couronne en possédait près de la moitié. Le reste (23 millions) appartenait à la noblesse : il y avait telle famille qui en possédait à elle seule 48,000. Par un ordre du 2 avril 1842, l'empereur Nicolas a voulu, non pas encore affranchir ces serfs, mais adoucir leur condition. L'aristocratie chrétienne, à laquelle profite l'esclavage des paysans, a accueilli cette mesure avec des cris de fureur qui ont effrayé l'autocrate lui-même, et dès le lendemain il a fait publier une lettre du ministre de l'intérieur qui, sous le semblant d'expliquer l'ordre de la veille, le rapportait en réalité dans ses dispositions principales. Le fils de Nicolas, l'empereur actuel, persévérant dans la volonté d'abolir enfin le servage de ses vastes États, a été plus ferme et plus heureux devant les résistances de l'aristocratie (1). Les mesures d'exécution contribueront-elles à l'amélioration de la condition des paysans plus efficacement que le système des redevances et corvées, qui a succédé au servage féodal en divers autres États de l'Europe aux XIIIe et XIVe siècles, et ne faudra-t-il-pas que le Nord ait aussi sa nuit du 4 août pour en finir complétement

(1) Charte encore très-imparfaite d'affranchissement, en date du 17 mars 1861. Consulter, dans le *Journal des Economistes* de février 1866, un article de M. de Molinari.

avec les dernières formes de l'esclavage?

Mais ce que la philosophie a dû surtout condamner avec une vive énergie, c'est l'exemple que s'opiniâtraient encore récemment à donner plusieurs des États-Unis d'Amérique, du maintien de l'esclavage, exemple d'autant plus criminel que ces États sont fils de la liberté, et que, de la part d'une nation non moins que d'un individu, ce qu'il y a de plus révoltant, c'est de se montrer ainsi infidèle à son propre principe. Ce fait odieux a menacé un instant de dissolution la nation anglo-américaine, qui semble appelée à de si grandes destinées.

Lorsqu'en 1860 je parlais pour la première fois de cette menace de dissolution prochaine de la grande république américaine, je ne la savais guère si près de s'effectuer. L'assassinat juridique de John Brown, exécuté à Charlestown, le 2 décembre 1859, en a donné le signal. Cette horrible guerre où les fils d'une même patrie s'entr'égorgeaient avec un acharnement qu'on pouvait ne plus croire possible dans ce siècle, aura abouti au moins à l'abolition de l'esclavage dans les derniers États de l'Union où il se montrait encore. Il y aura eu là surtout une grande leçon donnée au monde sur la nécessité que tôt ou tard les peuples comme les individus expient les crimes qu'ils commettent ou laissent commettre quand ils peuvent les empêcher. En avril 1865, le président Lincoln a été frappé par un assassin esclavagiste, au moment où il touchait au terme de son courageux labeur. Le nom de ce noble martyr de la liberté ira, avec ceux de Washington, de Franklin et de Brown, à la postérité, entouré des respects de tous les amis de l'humanité. Sa puissante volonté, soutenue par l'énergique persévérance d'un peuple d'hommes libres, a effacé un des derniers vestiges de l'antique barbarie. L'institution de l'esclavage était réduite à ne plus demander ses arguments qu'à la Bible et à la violence : Lincoln a fermé désormais cette plaie honteuse des États-Unis américains.

CHAPITRE III

CONCLUSION

On a vu, par l'exposé qui précède, combien peu il était exact de prétendre que le christianisme avait aboli l'esclavage. Qu'on cesse donc enfin de répéter cette assertion, ou plutôt que les écrivains sérieux abandonnent désormais ce thème à ceux dont le rôle n'est pas d'examiner les choses en elles-mêmes, mais de servir d'échos aux orateurs intéressés dans la question. Sans doute les relations évangéliques attribuent habituellement à Jésus des principes d'humanité qui sont la condamnation implicite de l'esclavage, comme elles lui attribuent des principes de fraternité que les sociétés chrétiennes n'ont jamais appliqués, des principes d'humilité et de tolérance qui n'ont jamais été à l'usage de l'Église : mais il n'en est pas moins faux que la religion chrétienne ait détruit l'esclavage, puisque cette religion, devenue dominante et toute-puissante, l'a laissé subsister et en a même fait son profit; puisque des nations qui se disent chrétiennes montrent encore aujourd'hui cette plaie hideuse ; puisque les faits proclament que ce n'est pas dans les siècles florissants du christianisme dogmatique, mais depuis son déclin progressif, que la cause de l'humanité a pu se faire entendre et entrevoir le jour où elle triomphera ; puisqu'enfin, pendant un demi-siècle qui a été toujours s'éloignant de ce christianisme, l'œuvre de destruction de l'esclavage a fait plus de chemin que pendant quinze siècles de foi. Des princes faisant profession de christianisme et des prêtres chrétiens ont pu, par des actes isolés, émanant soit de sentiments personnels d'humanité, soit même de motifs religieux, contribuer à l'affranchissement des esclaves ou des serfs ou à l'amélioration de leur sort. Mais on n'est pas plus autorisé pour cela à dire que le christianisme a aboli l'esclavage, qu'on ne serait autorisé à attribuer ce mérite au culte de Jupiter ou de Mercure, parce que des payens émancipaient leurs esclaves ou parce que les empereurs Adrien et Antonin ont rendu des ordonnances qui adoucissaient la condition servile. J'ai mentionné déjà le rescrit d'Antonin à Élius Marcianus, conservé par Ulpien. Ce jurisconsulte nous apprend en même temps qu'Adrien punit d'une relégation de cinq ans une matrone qui avait traité ses esclaves avec atrocité (1). Auguste lui-même, le cruel Auguste, s'était ému à la vue des souffrances des

(1) « Divus etiam Adrianus Umbriciam quamdam « matronam in quinquennium relegavit quod ex levissimis causis ancillas suas atrocissimè tractasset.» (*Digesta*, lib. I, titul. VI, art. 2, tome 1er du *Corpus juris civilis*, Leipsick, 1829.)

esclaves. Il avait retiré à leurs maîtres le droit de les forcer à descendre dans l'arène pour y combattre contre les bêtes féroces. On sait la conduite qu'il tint un jour, en dînant chez son ami Védius Pollion, ce chevalier romain qui engraissait ses murènes de la chair de ses esclaves, et que Sénèque, dans son indignation, appelle *un homme digne de mille morts* (1). Que l'on compare le langage dans lequel ce

(1) « Fregerat unus ex servis ejus crystallum ; rapi « eum Vedius jussit nec vulgari quidem periturum « morte : muræenis objici jubebatur quas ingentes in « piscinâ continebat... Evasit è manibus puer et con« fugit ad Cæsaris pedes, nihil aliud petiturus quàm « ut aliter periret nec esca fieret. Motus est novitate « crudelitatis Cæsar, et illum quidem mitti, crystal« lina autem omnia coram se frangi jussit, comple« rique piscinam. » (*De irâ*, lib. III, § 40). « Quis non « Vedium Pollionem pejus oderat quàm servi sui, « quòd muræenas sanguine humano saginabat, et eos « qui se aliquid offenderant, in vivarium, quid aliud « quàm serpentium, abjici jubebat ? O hominem mille « mortibus dignum ! Sive devorandos servos objicie« bat muræenis quas esurus erat, sive in hoc tantùm « illas alebat ut sic aleret. » (*De clementiâ*, lib. I, § 18.)

même Sénèque, au sein d'une société payenne, recommandait de traiter les esclaves, avec celui de saint Paul et de saint Pierre, que j'ai rapporté, et que l'on dise de quel côté est la supériorité (1). Concluons que les vrais pro-

(1) « Rideo istos qui turpe existimant cum servo « suo cœnare : Quare? Nisi quia superbissima con« suetudo cœnanti domino stantium servorum tur« bam circumdedit... Vis tu cogitare istum quem ser« vum tuum vocas ex iisdem seminibus ortum, eodem « frui cœlo, æquè spirare, æquè vivere, æquè mori?... « Sic cum inferiore vivas quemadmodùm tecum su« periorem velis vivere. Quoties in mentem venerit « quantùm tibi in servum liceat, veniat in mentem « tantumdem in te domino tuo licere... Vive cum « servo clementer : comitem quoque et in sermonem « illum admitte et in consilium et in convictum... Non « ministeriis illos æstimabo sed moribus. Sibi quisque « dat mores, ministeria casus assignat. Quidam cœ« nent tecum quia digni sunt, quidam ut sint. Si quid « enim in illis ex sordidâ conversatione servile est, « honestiorum convictus excutiet... Quemadmodùm « stultus est qui, equum empturus, non ipsum inspi« cit sed stratum ejus ac frænos, sic stultissimus est « qui hominem aut ex veste aut ex conditione, quæ « vestis modò nobis circumdata est, æstimat. Servus « est ! Sed fortassè liber animo. Servus est ? Hoc illi

grès de l'œuvre de destruction de l'esclavage sont dus au développement graduel de la civilisation, et que son entière réalisation n'est réservée qu'aux lumières actives de la saine philosophie.

On a maintes fois reproché, et avec raison, à deux grands philosophes de l'antiquité, Platon et Aristote, d'avoir soutenu la nécessité de l'esclavage ; mais on a presque toujours oublié d'ajouter, et je dois, pour l'honneur de la philosophie, si cet honneur pouvait être mis en

« nocebit ? Ostende quis non sit. Alius libidini servit, « alius avaritiæ, alius ambitioni, omnes timori. Dabo « consularem aniculæ servientem, dabo ancillulæ divitem, ostendam nobilissimos juvenes mancipia pan« tomimorum. Nulla servitus turpior est quàm volun« taria. Quarè non est quòd fastidiosi isti te deterreant « quominùs servis tuis hilarem te præstes et non su« perbè superiorem. Colant potiùs te quàm timeant... « Hoc qui dixerit obliviscetur id domino parùm non « esse quod Deo satis est, qui colitur et amatur. Non « potest amor cum timore misceri. Rectissimè ergò « te facere judico quòd timeri à servis tuis non vis.» (*Epistola*, 47.) Voir aussi le traité *De beneficiis*, lib. III, §§ 18-20 et 28.

cause même par les plus graves aberrations de ses disciples, constater ici ce qu'Aristote lui-même nous apprend, à savoir que, déjà de son temps, il y avait d'autres philosophes qui soutenaient que l'esclavage n'était fondé que sur la violence et la loi politique, et qu'il était contraire à la nature et à la justice (1). On se trompe donc grandement lorsqu'on attribue, comme cela arrive fort souvent, aux philosophes anciens en général l'opinion particulière de Platon et d'Aristote. Il est constant d'ailleurs que les philosophes de l'école stoïque tenaient généralement l'esclavage pour une violation du droit naturel. La plupart d'entre eux, particulièrement ceux des trois premiers siècles de notre ère, en proclamant l'égalité native de tous les hommes et en se prononçant énergiquement contre le principe même de la servitude, ont travaillé à préparer son abolition

(1) Παρὰ φύσιν τὸ δεσπόζειν. Νόμῳ γὰρ τὸν μὲν δοῦλον εἶναι τὸν δὲ ἐλεύθερον· φύσει δὲ οὐθὲν διαφέρειν. Διόπερ οὐδὲ δίκαιον· βίαιον γάρ. (Πολιτικῶν, livre Ier, ch. III.)

bien plus efficacement que ne pouvaient le faire les docteurs chrétiens. En effet ces derniers, dans leurs meilleurs accès de sympathie pour les esclaves et lorsqu'ils étaient le mieux disposés à déclarer le *devoir* de les rendre à la liberté, étaient toujours empêchés d'aller jusque-là par l'existence, dans les livres de l'Ancien Testament, de textes formels, donnant une consécration à l'esclavage, et par l'absence, dans les livres du Nouveau Testament, de textes le condamnant directement et expressément.

Cette dernière observation n'a point pour but assurément de diminuer le mérite de ceux des auteurs chrétiens qui ont pu contribuer à discréditer l'institution antique de l'esclavage ; je veux dire seulement qu'il ne faudrait pas oublier ceux qui avaient pris l'initiative et leur avaient donné l'exemple d'une généreuse intervention en faveur des droits de l'humanité, et qui, l'ayant fait dans des temps plus difficiles et avec plus de danger, avaient en cela montré encore plus de courage et acquis plus de mérite.

J'ai eu beaucoup à accuser dans cet ouvrage. Or le rôle d'accusateur est peu agréable à remplir, pour qui ne l'a pris que par un sentiment d'impérieux devoir. On comprendra donc que j'éprouve un vrai soulagement à nommer, en terminant, plusieurs prêtres chrétiens, qui, par des actes privés, ont contribué à l'affranchissement des esclaves. Je suis loin de donner pour complète la liste des bons exemples que je vais citer. Je ne doute pas qu'elle ne puisse être grandement augmentée, et j'applaudis d'avance à toute recherche qui sera faite dans ce but.

Saint Ambroise, archevêque de Milan (VIe siècle), vend les vases sacrés de son église pour racheter des chrétiens réduits en esclavage par les Goths.

Saint Paulin, évêque de Nole (Ve siècle), vend ses biens pour racheter des esclaves chrétiens.

Acacius, évêque d'Amida (ve siècle), vend les vases d'or et d'argent de son église pour racheter 7,000 captifs persans, qu'il renvoie dans leur patrie.

Le pape saint Grégoire (VIe siècle) affranchit ses esclaves. Ils étaient chrétiens sans aucun doute ; car j'ai dit plus haut et l'on n'a pas oublié comment ce même pape recommandait de traiter les esclaves payens pour les forcer à se convertir au christianisme.

Le même saint Éloi (VIIe siècle), que nous avons vu transmettant à une abbaye les esclaves que lui avait donnés Dagobert, rachète et affranchit des Saxons que l'on vendait par troupeaux. Les conseils de cet évêque n'ont peut-être pas été étrangers au fait suivant.

Sainte Bathilde, épouse de Clovis II, et que saint Éloi avait encore eu le temps de voir sur le trône, aurait, dit-on, affranchi ses esclaves chrétiens. Elle avait été esclave elle-même avant d'être reine. Le souvenir des humiliations de sa précédente condition aurait sans doute été pour beaucoup dans les motifs de cet affranchissement, et loin d'en diminuer la valeur à mes yeux, il l'augmenterait au contraire ; car la prospérité est si corruptrice de sa nature, et il y a tant de gens qui, après que la fortune les a portés des plus humbles conditions aux plus élevées, oublient les misères endurées dans les rangs d'où ils sont partis, que le petit nombre de ceux qui s'en souviennent méritent qu'on leur en sache plus de gré.

L'évêque Wilfrid (VIIe siècle) affranchit 250 esclaves des deux sexes, qu'il avait reçus en présent du prince saxon Edelwalch, converti par lui au christianisme.

Le pape saint Zacharie (VIIIe siècle) rachète et rend à la liberté des esclaves chrétiens que des marchands vénitiens étaient venus acheter à Rome pour les mener en Afrique et les vendre aux infidèles.

Saint Benoît d'Aniane (VIIIe siècle) affranchit les esclaves des terres données à son monastère.

Smaragde, abbé de Saint-Miel (IXe siècle), supplie Louis le Débonnaire d'abolir l'esclavage.

Saint Remberg, archevêque de Bremen-Hambourg (IXe siècle), vend ses vases sacrés et son cheval pour racheter des esclaves.

A côté de saint Anselme, archevêque de Cantorbéry, que j'ai déjà cité, je dois mentionner les évêques irlandais assemblés à Armagh (XIIe siècle) pour affranchir les esclaves anglais.

Le pape Pie II (1462) blâme les chrétiens portugais, établis en Guinée, de réduire les néophytes nègres en servitude.

Qui ne sait les généreuses réclamations de Las Casas en faveur des habitants asservis du Nouveau Monde? Pourquoi faut-il que sur la mémoire de cet évêque pèse le reproche d'avoir, par une aveugle affection pour les Indiens, conseillé d'aller acheter des noirs en Afrique, et d'avoir ainsi contribué à propager l'odieux trafic que pratiquaient déjà les Portugais (1) ?

Les papes Paul III (1533) et Urbain VIII (1639) défendent de réduire les Indiens en esclavage.

Le pape Benoît XIV renouvelle cette défense en 1741.

A cette dernière époque même, et quoique la philosophie du XVIIIe siècle eût déjà porté d'assez rudes coups à la cause de l'esclavage des colonies, néanmoins il y avait encore quelque courage et quelque mérite dans ces défenses, parce que le fait non-seulement de l'esclavage, mais de la traite des nègres, était encore patent et protégé par les gouvernements. Mais on ne saurait en dire autant de la lettre apostolique du 3 décembre 1839, par laquelle le pape Grégoire XVI a interdit la traite des nègres. Venir prêcher contre cet infâme trafic, quand tout le monde le réprouve, quand

(1) Il est juste d'ajouter que cette accusation, portée par l'historien Herrera, a été contredite.

les gouvernements mêmes qui ne sont mus que par des considérations d'intérêt matériel le condamnent et l'interdisent, quand il ne se fait plus que clandestinement, quand les marchands de chair humaine sont poursuivis sur terre et sur mer, cela est louable sans doute, mais cela est tardif et insuffisant. La philosophie en a presque fini avec la traite des noirs ; mais elle a encore une belle œuvre à accomplir, et puisque vous êtes émus, joignez vos réclamations aux siennes. Si la loi ne permet plus de vendre des hommes, elle permet encore, et par une cruelle inconséquence, d'en posséder. Il faut obtenir l'affranchissement des esclaves que possèdent encore plusieurs colonies ; il faut amener les gouvernements et les colons à consentir enfin à cette grande réparation qui ne saurait plus être retardée, et qui du reste pourra seule empêcher véritablement la traite, en la rendant inutile. Demandez donc aussi l'abolition de l'esclavage dans ces colonies. Demandez-la expressément et intelligiblement ; car c'est la seule question qui reste à vider : celle de la traite n'en est plus une, vous le savez bien. Ne vous bornez point à une condamnation vague de l'esclavage. Allez droit au fait. Prescrivez formellement aux chrétiens de cesser de posséder des esclaves. Mais quoi ! vous restez muets ! Vous que la pensée seule de la vente des nègres attendrit jusqu'aux larmes quand on ne peut plus s'y livrer sans infamie légale et sans danger de ruine, vous êtes insensibles, vos entrailles ne vous disent plus rien, quand vous voyez des milliers de vos semblables gémir encore dans les fers ! vous n'avez plus de menaces pour ces propriétaires inhumains, plus de remontrances, plus de conseils pour ces gouvernements leurs complices ! D'où vient donc cette différence ? Le voici peut-être. C'est que personne ne défend plus la traite des nègres, et que vous pouvez alors tonner à votre aise et sans vous compromettre contre ceux qui la pratiquent, tandis que des hommes influents et bons catholiques possèdent des esclaves dans certaines colonies, et que des gouvernements protégent encore cette abominable possession. Or vous ne voulez vous mettre mal ni avec des gouvernements qui vous prodiguent des caresses intéressées, ni avec de riches propriétaires qu'ils ménagent et qui d'ailleurs vous sont saintement soumis en religion.

CHAPITRE IV

RÉPONSES A DIVERSES CRITIQUES

Le travail que l'on vient de lire, et qui avait été en partie publié déjà dans la *Revue de Paris* du 15 décembre 1856, a été critiqué d'abord par madame Mary Meynieu, dans le *Disciple de Jésus-Christ* de mars 1857, puis par M. Leymarie, dans le *Journal des Économistes* d'août et d'octobre de la même année, enfin par M. Cochin, dans un livre publié en 1861. Ma réponse à madame Mary Meynieu a été publiée dans la *Revue de Paris* du 15 juin 1857 ; ma première réponse à M. Leymarie l'a été dans le *Journal des Economistes* d'octobre de la même année : je les reproduis ci-après avec quelques additions ou modifications. J'y ajoute une seconde réponse à M. Leymarie, ainsi qu'une courte réponse à M. Cochin. Ce sont autant de pièces au procès, que je réunis comme constituant un supplément d'instruction qui ne sera peut-être point inutile à la cause que j'ai plaidée.

Réponse à madame Mary Meynieu

MADAME,

Vos attaques ont revêtu un caractère qui nécessite de ma part quelques observations ayant moins pour but de discuter sur nouveaux frais une question que j'ai traitée surabondamment peut-être, que de renseigner le public, notre juge commun, plus exactement que vous ne l'avez fait sur la nature véritable de mon travail.

Lorsqu'on prend le rôle de critique, le premier devoir à remplir envers l'auteur dont on examine les œuvres consiste à en exposer les doctrines avec fidélité, de telle sorte qu'à cet égard au moins le lecteur ne puisse pas être induit en erreur. Or ne m'avez-vous pas donné le droit de me plaindre que ce devoir de la critique ait été méconnu par vous? Je tiens l'esclavage pour un des plus grands fléaux de l'humanité et l'une des plus damnables formes de l'oppression exercée par le fort sur le faible : il n'y a guère de pages de mon œuvre qui ne le disent. D'un autre côté, j'y laisse voir avec une égale clarté que je ne suis pas chrétien, et par conséquent je ne puis pas avoir eu la pensée d'aller demander à une religion à laquelle je ne crois pas des arguments en faveur d'une cause que j'ai en abomination. Eh bien, votre critique est conçue, dans sa presque totalité, en termes tels, que celui qui n'aurait pas lu l'original même du travail que vous attaquez serait amené à conclure qu'il a pour objet de justifier l'esclavage, et qu'il est l'œuvre d'un chrétien qui cite les livres saints, les décisions des docteurs de l'Église et les faits de l'histoire des nations chrétiennes à l'appui de sa détestable thèse. Voici quelques phrases que j'extrais de votre lettre, entre plusieurs autres de même nature : « L'article auquel je voudrais répondre *n'est* « *pas le premier qui ait cherché à soustraire l'es-*

« *clavage à l'anathème du monde chrétien.* De-
« puis longtemps les éleveurs de bétail humain « *puisent dans les arguments qu'il reproduit la* « *force et la sérénité d'âme* nécessaire à l'exer- « cice de leur profession, *le secours spirituel* « *qui leur permet* d'en accomplir les devoirs « avec une béate componction. La thèse qu'il « expose prit naissance le jour où la cupidité « et la soif de la domination voulurent s'assou- « vir en toute sûreté de conscience... Mais, « sans rechercher trop minutieusement à qui « revient l'honneur de l'avoir découverte, *sans* « *trop incriminer les intentions de ceux qui la* « *soutiennent*, voyons ce qu'elle vaut en elle- « même. » (Pages 121 et 122.) « M. Larroque « *appelle encore au secours de sa thèse* plusieurs « Saints plus ou moins connus, des Pères de « l'Église, Bossuet dans sa controverse avec le « protestant Jurieu, etc. » (Pages 134 et 135.) « Laissez-nous l'auteur de l'*Oncle Tom*, « nous vous abandonnerons sans peine M. Gra- « nier de Cassagnac. » (Page 139.) Ce n'est

que vers la fin de votre lettre, c'est-à-dire beaucoup trop tard, que vous vous avisez d'apprendre expressément à vos lecteurs que je suis ennemi de l'esclavage, et que je soutiens que sa destruction est due au développement graduel de la civilisation et que son entière extinction n'est réservée qu'aux lumières actives de la saine philosophie et au progrès ultérieur de la moralité publique. De ce moment vos lecteurs ont pu savoir enfin la vérité sur mon compte et voir que je ne suis ni un capitaine négrier ni un prédicateur chrétien, mettant sa foi au service de la conscience béate des éleveurs chrétiens de bétail humain. Mais, si quelques-uns de vos lecteurs vous ont quittée avant d'arriver à vos dernières pages, sous quelle trompeuse image je dois figurer dans leur souvenir !

Avant d'aller plus loin, il ne sera pas inutile, si j'en juge par quelques-uns de vos reproches, que je vous rassure à l'égard de mes sentiments religieux. En m'entendant déclarer que je ne suis pas chrétien, vous vous écrierez peut-être que vous avez affaire à un impie. Vous apprendrez donc avec quelque surprise, tant les esprits sont encore imbus d'idées fausses sur ces matières, que, si je ne professe aucune des religions passées et présentes, c'est parce que je crois à une religion se composant uniquement de dogmes en harmonie avec les exigences de la raison et les besoins actuels de l'esprit humain. Nous pourrons bien assister à la naissance de cette religion de l'avenir, mais ni vous ni moi vraisemblablement nous n'en verrons l'installation définitive sur le globe, installation qui est pourtant inévitable : c'est seulement affaire de temps, comme pour plusieurs autres grandes questions d'organisation sociale, désormais jugées en principe. En attendant, je vous dirai que je crois, aussi fermement qu'à mon existence même, en Dieu, à l'immortalité et aux glorieuses destinées de l'âme, de *toute* âme humaine, quelque dégradée ou déshéritée qu'elle ait été en ce monde, et à sa réhabilitation par les épreuves soit de cette vie soit surtout de celles qui la suivront. Si un bonheur sans fin m'était offert quand je saurais qu'*un seul* de mes semblables devrait souffrir éternellement, je refuserais cette félicité avec horreur ; mais telle est ma foi en l'infinie bonté de Dieu ainsi qu'en sa suprême justice que je sais avec la plus parfaite clarté qu'il ne saurait en être ainsi. Vous pouvez donc voir dès à présent et vous verrez encore mieux par d'autres publications (1), que je conteste à qui que ce soit le droit de se dire plus profondément que moi pénétré du sentiment religieux et par conséquent de cette bienveillance universelle dont il est la source et en même temps le garant le plus sûr. Tout adversaire déclaré que je suis du christianisme dogmatique, je vois dans

(1) *Examen critique des doctrines de la religion chrétienne*, 2 vol. in-8°, et *Rénovation religieuse*, 1 vol. in-8°. Ces deux ouvrages sont publiés en même temps que celui-ci, en 4e édition.

les chrétiens, à quelque communion qu'ils appartiennent, aussi bien que dans les sectateurs de Mahomet ou les adorateurs de Bouddha, des frères, sujets comme moi à l'erreur, enfants d'un même père qui nous confond tous dans son amour, et qui nous tiendra compte des conditions dans lesquelles il nous a fait naître. Je donnerais ma vie de bon cœur si ce sacrifice pouvait dissiper les épaisses ténèbres qui enveloppent tant de pauvres âmes. Si la Providence réserve encore au plus faible de ses instruments des années de vie et d'activité, je veux travailler à faire tomber ces barrières de toutes sortes, élevées entre les hommes par la barbarie ou la corruption, et qui les empêchent de se reconnaître et de s'embrasser comme les membres d'une même famille. J'ai ouvert la série de ces combats de la paix par la publication de mon livre *De la guerre et des armées permanentes* (1). Mais, à pro-

(1) Cet ouvrage est publié en même temps que celui-ci, en 3e édition.

pos de guerre, revenons à celle que vous me déclarez.

L'un des buts principaux de mon travail sur l'esclavage, et vous n'avez pu vous y tromper, a été de montrer tout ce qu'il y a de condamnable dans cette institution, qui est encore aujourd'hui debout sur de vastes contrées. Or vous détestez l'esclavage aussi cordialement que moi. Nous combattons donc contre le même ennemi, quoique sous des bannières différentes. Mais voilà qu'au fort de la mêlée, vous vous retournez contre moi, et cela parce que je refuse de croire à cette assertion répétée jusqu'à satiété, à savoir que *le christianisme a aboli l'esclavage*, c'est-à-dire en définitive parce que je ne professe pas les mêmes principes religieux que vous. Me trompé-je en voyant là un manque de tolérance?

J'ai reconnu dès le début de mon article et j'ai répété en plusieurs autres endroits que les Évangiles contenaient, comme tous les autres codes religieux du reste, plusieurs préceptes d'humanité et de charité dont l'esprit était contraire à l'institution de l'esclavage ; je le redis ici très-volontiers. Certains écrivains croient avoir plus facilement gain de cause contre leurs adversaires en les faisant bien absurdes : c'est un grossier artifice que vous êtes incapable d'employer. Vous ne supposez donc pas que je tienne les fondateurs du christianisme pour les inventeurs de l'esclavage : ils en ont trouvé le monde ancien infecté comme il l'était de beaucoup d'autres vices auxquels ils se sont attaqués directement ; mais celui-là, le plus hideux de tous, ils n'ont pas eu le courage de le combattre de front ; ils ne l'ont pas condamné en principe, ils n'ont point exigé en fait, comme c'était leur devoir, que les adeptes de la nouvelle doctrine cessassent d'avoir des esclaves. Voilà ce qu'on a le droit de leur reprocher et ce que je leur reproche. Vous, madame, vous ne vous bornez pas à excuser cette coupable abstention, mais vous la justifiez, que dis-je? vous la glorifiez, vous y voyez une preuve de sagesse divine, vous voyez *dans ce dédain du fait le caractère spécial du christianisme*, *son brevet de vitalité*, *ses lettres de grande naturalisation*. Vous reproduisez sur ce thème l'argumentation de M. Edouard Biot ; mais vous ne dites mot de la réponse que j'y ai faite et à laquelle je vous renvoie. Parce que je ne partage pas votre admiration sur ce point, il s'en faut peu que vous ne me dénonciez à l'indignation du monde, ainsi que le faisaient autrefois les payens à l'égard des chrétiens, comme un ennemi du genre humain. Vous appelez mon œuvre *un acte d'accusation contre le christianisme*. Il eût été plus exact peut-être de dire *contre les nations chrétiennes* ou mieux encore *contre les docteurs chrétiens*. Mais j'admets l'expression. Eh bien, oui, j'accuse le christianisme de ce monstrueux méfait de la persistance de l'esclavage dans son sein, et de beaucoup d'autres encore que je n'ai pas à énumérer ici et qui trouveront leur place ailleurs. C'est mon droit apparemment, comme c'est incontestablement le vôtre de ne pas croire mes griefs fondés.

Vous supposez très-gratuitement que, dans mon opinion, les fondateurs du christianisme auraient dû, au nom du Christ, exciter les esclaves à se révolter contre leurs maîtres. Je n'ai rien dit qui fût de nature à justifier cette supposition. J'ai dit, ce qui est différent, qu'ils auraient dû déclarer formellement que le fait de posséder des hommes comme des bêtes de somme était un des plus grands crimes qu'il fût possible de commettre; je maintiens qu'ils auraient dû prescrire aux fidèles de cesser immédiatement de commettre ce crime sous peine de cesser de s'appeler chrétiens. Ils ne l'ont pas fait; ils se sont bornés à de vagues recommandations de charité et de bienveillance, qui se trouvaient déjà dans tous les livres religieux du passé, et qui, par leur généralité même et leur défaut de désignation expresse, devaient demeurer stériles. Ce pouvait être là, si vous le voulez, de la prudence humaine, mais ne venez pas nous dire que c'était de la sagesse divine ; car cette sagesse va droit au fait quand il s'agit de juger du juste et de l'injuste, de condamner le mal et de prescrire le bien, et elle ne connaît pas cet art des atermoiements et des accommodements, auquel ont si souvent recours l'ignorance et l'impuissance des législateurs terrestres. Vous objectez que, si l'on eût prescrit aux chrétiens de rendre leurs esclaves à la liberté, cela eût rempli le cœur de ces derniers d'espérances susceptibles d'être déçues, et que cela eût pu altérer l'esprit d'obéissance aux maîtres et être même l'occasion de troubles dans l'ordre social. Assurément oui ; mais depuis quand doit-on s'abstenir de mettre les oppresseurs en demeure de cesser leur oppression parce que cela sera une occasion pour ceux qui en souffrent de sentir plus vivement leur humiliation et de désirer avec plus d'ardeur peut-être que de coutume qu'il y soit mis un terme ? Est-ce donc un ordre social bien digne de respect que celui où des institutions comme l'esclavage se maintiennent sous la protection des lois ? Cet *ordre* eût pu être troublé, dites-vous. J'en conviens ; mais à qui la faute ? Et d'ailleurs le mal, éventuel et passager, de cette perturbation dont la pensée vous cause un si grand effroi, peut-il se comparer avec ceux qu'a engendrés la persistance de l'esclavage pendant des siècles ? Ne vous souvenez-vous pas qu'avant 1848 les possesseurs d'esclaves de nos colonies nous assourdissaient d'objections de cette nature lorsqu'on leur imposait seulement quelques mesures bénignes d'adoucissement du sort de ces malheureux? Si on les eût écoutés, la France aurait encore aujourd'hui des esclaves.

Vous dites que vous ne savez trop ce que les textes que j'ai invoqués des livres de l'Ancien Testament ont à démêler avec la question, et à quel titre la loi mosaïque figure dans un acte d'accusation porté contre le christianisme. Comment! vous ne savez pas cela! Nous en reparlerons dans un instant. Mais d'abord je demanderai pourquoi, si le christianisme est, comme vous le dites, *complétement désintéressé dans la question de la législation mosaïque*, vous prenez une si grande peine, dès lors très-inutile, pour justifier Moyse d'avoir permis l'esclavage. Et comment le défendez-vous? « On est moins frappé, « dites-vous, de l'inhumanité de certaines « institutions qui lui étaient communes avec « le paganisme, qu'ému de la tendresse ineffa- « ble qui perce dans les dispositions qui lui « sont propres. Si le mosaïsme croyait avec « toute l'antiquité qu'il était permis de réduire « en esclavage des hommes que le sort de la « guerre avait livrés au vainqueur, de quel « amour, en revanche, n'entoure-t-il pas ceux « qui vivaient sous sa loi! On dirait presque « que sa compassion gagne en profondeur ce « qui lui manque en étendue. » *La tendresse ineffable* des dispositions propres au mosaïsme!

Ah ! je vous avoue que, moi aussi, j'en suis ému, mais d'une bien autre façon que vous, à ce qu'il semble. Il serait long de vous renvoyer à toutes les pages dont la lecture me remplit d'indignation. Tenez, je vous engage seulement à relire le chapitre 32 de l'*Exode*, v. 26-29, où, après l'adoration du veau d'or, Moyse donne aux Lévites l'ordre de massacrer leurs frères et leurs fils, leurs amis et leurs voisins, ordre que la milice sacrée exécute ponctuellement en égorgeant environ 3,000 Israélites (23,000 selon la version latine). Je vous renverrais bien aussi aux recommandations d'exterminer les peuples de Chanaan, que fait Moyse dans le chapitre 33 des *Nombres* et les chapitres 7, 20, 25 et 31 du *Deutéronome ;* mais vous me répondriez que les Chananéens ne vivaient pas *sous sa loi d'amour*, et que c'était là un des cas où sa compassion perdait *en étendue* ce qu'elle gagnait *en profondeur*. C'est sans doute par la même raison que vous ne dites rien de l'esclavage proprement dit, de l'esclavage perpétuel qu'il permet aux Juifs à l'égard des étrangers (*Lévitique*, chap. 25, v. 44-46). Mais vous mentionnez volontiers l'esclavage temporaire dans lequel étaient engagés leurs compatriotes, et qui devait cesser à l'année sabbatique (*Exode*, ch. 21, v. 2-6) (1). Ce terme arrivé, l'esclave sortait comme il était entré. S'il avait amené une femme, il l'emmenait avec lui, v. 2 et 3. Au premier abord, ces dispositions semblent n'établir qu'un esclavage mitigé en faveur des Juifs réduits à se vendre dans leur propre patrie. Mais il ne faut pas se hâter d'en louer la douceur ; car on serait durement détrompé par la lecture des dispositions suivantes : si l'esclave avait reçu de son maître une épouse dont il eût eu des fils ou des filles, il ne pouvait, en se retirant, emmener ni sa femme ni ses enfants, qui devaient ainsi demeurer en esclavage. Mais il avait la

(1) D'après le *Lévitique*, ch. 25, v. 39-41, il ne devait cesser qu'à l'année jubilaire.

faculté d'y demeurer lui-même, s'il ne voulait pas se séparer d'eux. Dans ce cas on lui perçait l'oreille, et il était esclave *à perpétuité*, v. 4-6. Ne dirait-on pas que ce fût une chose toute naturelle pour un père de consentir à ce que sa femme et ses enfants devinssent la propriété d'un autre, et que, s'il les aimait assez pour ne pas vouloir les abandonner, il fît exception à la règle commune et dût expier ce crime de nouvelle espèce par la perte définitive de sa liberté? N'est-il pas évident au contraire qu'un père, un époux, tenant à remplir le premier de ses devoirs, ne pouvait accepter une liberté qu'il eût fallu payer au prix de ce qu'il avait de plus cher, et que dès lors l'avantage apparent qui lui était offert devenait entièrement nul pour lui et ne pouvait profiter qu'aux mauvais pères et aux mauvais époux? Du jour où il avait reçu une épouse de la main de son maître, il ne devait plus se croire et il n'était plus en effet qu'un instrument à procréer des esclaves, destiné lui-même à passer le reste de ses jours dans l'esclavage. Cette manière de recommander la sainte institution du mariage n'est-elle pas bien touchante? J'aurais quelque envie, Madame, de vous demander si en face du tableau sur lequel je viens de reporter vos regards, vous continuez à être émue de la tendresse ineffable de Moyse, et si vous ne vous en seriez pas rapportée trop facilement à ce passage du chapitre 12, v. 3, des *Nombres*, où il nous assure qu'il était *le plus doux des hommes*. Vous deviez savoir cependant que ces grands coupables, auxquels la sottise humaine prodigue ses respects et souvent son admiration quand leurs méfaits prennent de colossales proportions, tiennent par-dessus tout à paraître doués des vertus qui leur manquent le plus. Je pourrais en citer bien d'autres exemples. Qu'il me suffise de vous rappeler celui de Jules César, célébrant *sa clémence, sa mansuétude et sa douceur connue de tous*, dans deux circonstances où il se montrait froidement cruel: une première fois lorsqu'après avoir réduit les Atuatuques, il vendait aux marchands d'esclaves qui le suivaient les habitants d'une ville entière au nombre de 53,000 (1), et une seconde fois lorsqu'il terminait sa sanglante conquête à Uxellodunum en faisant couper les mains aux généreux et derniers défenseurs de la liberté de la Gaule (2).

Je présume trop de la bonté de votre cœur pour ne pas croire que vous regretterez le

(1) « Si fortè, *pro suâ clementiâ ac mansuetudine* « quam ipsi ab aliis audirent, statuisset Atuatucos « esse conservandos... sectionem ejus oppidi univer- « sam Cæsar vendidit. Ab his qui emerant capitum « numerus ad eum relatus est millium LIII. » (*De bello gallico*, lib. II, art. 31 et 33.)

(2) « Cæsar, *quum suam lenitatem cognitam omnibus* « *sciret neque vereretur ne quid crudelitate naturæ vi-* « *deretur asperiùs fecisse,* neque exitum consiliorum « suorum animadverteret si tali ratione diversis in « locis plures rebellare consilia inissent, exemplo « supplicii deterrendos reliquos existimavit. Itaque « *omnibus qui arma tulerant manus præcidit; vitam* « *concessit*, quo testatior esset pœna improborum. » (*Ibidem*, lib. VIII, art. 44.)

secours que vous avez cru porter à la législation de Moyse, secours dont les vrais croyants vous sauront du reste peu de gré, puisqu'on y trouve l'aveu que le mosaïsme conservait *certaines institutions inhumaines du paganisme* et qu'*il croyait avec toute l'antiquité qu'il était permis de réduire en esclavage des hommes que le sort de la guerre avait livrés au vainqueur*, d'où la conclusion naturelle que l'établissement du mosaïsme n'était pas l'œuvre de Dieu. Supposons donc qu'abandonnant à elle-même la législation de Moyse sur le mauvais terrain de l'esclavage, vous vous soyez bornée à prétendre que le christianisme est complétement désintéressé dans les jugements qu'on peut en porter, et voyons maintenant s'il en est ainsi.

Toutes les communions chrétiennes admettant dans le canon de leurs saintes Écritures l'Ancien Testament aussi bien que le Nouveau, chacune d'elles tient toutes les parties de sa Bible respective pour également inspirée et les lit avec la vénération qui est due à ce que l'on regarde comme la parole même de Dieu. Les protestants se distinguent particulièrement par cette vénération pour la Bible dont ils répandent dans le monde des millions d'exemplaires et où ils puisent tous leurs enseignements religieux et moraux. Toutes les communions chrétiennes invoquent à chaque instant les actes et les préceptes consignés dans les livres de l'Ancien Testament. Les dogmes de l'Incarnation et de la Rédemption, qui jouent le principal rôle dans le christianisme, reposent sur le dogme de la déchéance, qui est le point de départ du mosaïsme. Le Christ nous est présenté comme venant accomplir les prophéties judaïques. Les évangélistes Matthieu et Luc, en dressant sa généalogie, où ils le font descendre d'Abraham, le donnent pour l'héritier des promesses faites par Dieu à ce patriarche et à sa race. Jésus lui-même, le Jésus des Évangiles et non pas celui qu'il plaît à certains auteurs de façonner comme ils façonnent des personnages de romans, ne déclare nulle part, ouvertement et clairement, qu'il tient le mosaïsme pour une religion fausse, qu'il s'en sépare et qu'il se propose d'établir une autre religion. On le voit au contraire, en maintes circonstances et malgré les hardis démentis que ses enseignements donnent à plusieurs des enseignements des prêtres juifs, se poser en disciple respectueux et fidèle de l'ancienne religion, y rattacher sa doctrine comme on rattache une conséquence à son principe. Dans l'évangile de Matthieu, ch. 5, v. 17-19, il déclare qu'il n'est pas venu détruire la loi, mais qu'elle sera observée *jusqu'à un iota* tant que le monde subsistera, et que celui qui aura enfreint *la moindre de ses prescriptions* sera relégué au dernier rang dans le royaume des cieux. Au chapitre 23, qui contient d'ailleurs ces anathèmes, tant de fois cités, contre l'hypocrisie des Scribes et des Pharisiens, il déclare, v. 2 et 3, que ces docteurs *sont assis dans la chaire de Moyse*, et qu'il faut dès lors *observer tout ce qu'ils prescrivent*. Tout au plus Jésus semble-t-il s'être proposé de réformer le judaïsme comme s'étant écarté de sa direction originelle, et encore cela n'est-il pas clair; mais, si nous supposions le fait établi, cela même prouverait qu'il eût regardé comme divins les principes de la religion de ses pères, puisqu'il eût voulu l'y ramener. On le voit donc, le christianisme s'est porté comme solidaire du mosaïsme, et il l'est réellement. On ne saurait donc séparer ces deux religions et renier l'une pour conserver l'autre, qui en est légitimement issue et qui prétend s'y rattacher. De tout ceci il résulte bien évidemment que, l'esclavage trouvant sa justification dans des textes exprès des livres de l'Ancien Testament, j'ai été fondé à dire qu'un chrétien conséquent, qui prend ces livres pour point de départ de sa croyance, n'a pas le droit de condamner l'esclavage comme une chose radicalement mauvaise de sa nature, et qu'il ne peut pas le regarder comme contraire à la justice sans se déclarer par là même plus éclairé que son Dieu, qui l'a permis aux Juifs, et sans s'inscrire contre les révélations qu'il dit en avoir reçues. Suis-je parvenu, Madame, à vous faire voir ce que les textes que j'ai invoqués des livres de l'Ancien Testament ont à démêler avec la question de l'esclavage chez les nations chrétiennes? J'ose l'espérer.

Vous me prêtez ce paralogisme : *Constantin est chrétien ; Constantin ne s'oppose pas à l'esclavage; donc l'esclavage est conforme à l'esprit du christianisme.* Vous ne trouverez rien de pareil dans mon travail; mais vous y trouverez le reproche adressé à cet empereur, qui fit monter le christianisme sur le trône, d'avoir maintenu l'esclavage, bien plus, d'avoir décrété à cet égard des dispositions qui ne valaient pas celles de plusieurs empereurs payens.

Vous me faites aveugle à l'égard de l'Angleterre au sujet de ses sages mesures d'émancipation. J'ai rappelé qu'on avait dit souvent que ces mesures avaient été dictées à nos habiles voisins par le calcul bien entendu de leurs intérêts. Il suffira, pour me justifier auprès du lecteur, de retracer ici le peu que j'en ai dit : « Après s'être repue à satiété de « la vente des hommes, l'Angleterre a été, « entre les nations européennes, l'une des « plus empressées à l'abjurer solennellement « et à la proscrire. On a dit qu'il ne fallait « louer qu'avec réserve cette subite contradic- « tion, et que l'abolition de la traite des nègres « avait été dictée à nos habiles voisins par le « calcul bien entendu de leurs intérêts. Cela « est possible, probable même. S'il en était « ainsi, le motif amoindrirait singulièrement « le mérite de l'action ; mais je n'en ai pas la « preuve. Je loue donc simplement l'initiative « prise par l'Angleterre. » Il me semble qu'il était difficile de s'exprimer avec plus de modération et de justice. J'admire de la nation anglaise, à laquelle je viens d'apprendre que vous apparteniez, ce qu'elle a de vraiment bon, sa haute intelligence des grandes choses, son inébranlable persévérance à poursuivre le but qu'elle s'est proposé, quand toutefois ce but est louable, ses libertés civiles, les immenses développements de sa laborieuse industrie et de sa puissante marine, etc. Mais j'en désapprouve ce qu'elle a de foncièrement mauvais, l'organisation aristocratique de sa forme gouvernementale, son intolérable prétention de faire servir le reste du monde à sa prospérité, l'étroitesse de vues de son Église officielle, et surtout (ceci ne sera pas suspect dans la bouche d'un homme qui n'est point prévenu en faveur du catholicisme) l'oppression religieuse qu'elle fait encore aujourd'hui peser sur la catholique Irlande. Vous, madame, vous dites cette pauvre Irlande émancipée, et vous trouvez que l'Angleterre se dévoue avec le plus pur désintéressement au bonheur de l'espèce humaine toute entière, y compris apparemment les populations asiatiques et océaniennes : c'est là une opinion dont je vous laisse la responsabilité auprès de ceux qui observent les événements non-seulement de l'Europe, mais du monde entier et de ceux qui cherchent à en pénétrer les causes, soit ostensibles, soit cachées.

Une grande partie de votre lettre est employée à flétrir l'abominable institution de l'esclavage dans l'antiquité payenne et à célébrer le mérite des actes isolés qui, depuis la naissance du christianisme, ont pu venir en aide à la cause contraire. Loin d'avoir rien à reprendre dans ces bonnes pages, je serais prêt à les signer. Si donc vous aviez pu croire que vous m'y contredisiez, il y aurait là un étrange malentendu. J'avais pris soin moi-même de citer quelques prêtres chrétiens, qui avaient contribué à des affranchissements d'esclaves. Si quelqu'un peut en allonger la trop courte liste, il me viendra en aide, et je n'aurai que des remercîments à lui adresser.

Vous ne discutez qu'un très-petit nombre des textes que j'ai recueillis péniblement, je n'en rougis pas, dans ce que vous vous contentez d'appeler le *tohu-bohu* des monuments du passé, expression qui serait fort de mon goût si j'étais sûr que vous l'entendissiez de la même façon que moi, c'est-à-dire que vous fussiez également d'avis que l'histoire est presque entièrement à refaire. Vous vous débarrassez un peu trop commodément des témoignages que j'ai accumulés pour établir qu'en fait le christianisme n'a point aboli l'esclavage, qu'il l'a laissé subsister et qu'il l'a même exploité à son profit non-seulement aux époques où il était faible et timide, mais encore lorsqu'il est devenu tout-puissant et qu'il n'avait qu'à vouloir pour l'abolir. Vous appelez ces témoignages de *misérables détails qui, après tout, n'ont rapport qu'à l'Eglise.* Malgré tout mon désir de n'avoir à opposer à vos armes émoulues que les armes courtoises dont toutes sortes de convenances font une obligation quand on a l'honneur de discuter avec une femme d'esprit, je vous dirai que, si vous n'aviez fait preuve d'habitudes studieuses et de connaissances étendues, ces mots de *tohu-bohu* et surtout de *misérables détails*, jetés là un peu légèrement, autoriseraient à croire que vous n'aimez pas à déranger de leur sommeil séculaire les *in-folio* des bibliothèques et à pâlir, pendant des jours et des nuits, sur leurs longues et souvent hiéroglyphiques pages. Je ne vous en fais pas un reproche, mais bien plutôt mon compliment. Laissez-nous cette rude besogne, à nous qui sommes condamnés à faire l'autopsie des institutions du passé et à y étudier les traces des maladies dont elles sont mortes, dans le but de les épargner autant que possible aux œuvres des générations présentes et futures. Gardez-vous surtout de voir, dans ce conseil que je prends la liberté de vous donner, une sotte gloriole masculine, qui vous enverrait de superbes dédains en échange de ce regard sympathique dont nous avons si grand besoin. Plus on étudie les trésors dont Dieu a enrichi l'esprit et le cœur des femmes, plus on voit qu'elles excellent à comprendre et à exprimer les choses de sentiment, et que, si elles peuvent être nos aides les plus précieux pour faire pénétrer par cette voie dans les âmes les grandes vérités morales et religieuses, elles font bien de nous abandonner les longues recherches, les durs labeurs de la réflexion et les abstraites complications de la métaphysique et de la théologie. En un mot, à nous de convaincre : c'est le rôle le plus pénible et le plus patient ; à elles de persuader : c'est le rôle le plus beau et le plus doux.

Agréez, madame, etc.

Première Réponse à M. Leymarie

MONSIEUR,

Je dois regretter qu'avant de venir à votre tour critiquer dans le *Journal des Économistes* mon travail sur l'*Esclavage chez les nations chrétiennes*, vous n'ayez pas eu connaissance de tous les éléments du débat ; autrement vous vous fussiez abstenu de reproduire les critiques de madame Mary Meynieu, ou bien vous eussiez discuté la réponse que j'y ai faite. Je pourrais donc me borner à vous renvoyer à cette réponse. Mais le journal dans lequel vous avez consigné vos observations sur un de mes écrits jouit auprès du public d'une autorité trop bien méritée pour que je ne croie pas devoir faire une nouvelle et courte réponse, sauf à courir le risque de répétitions dont j'espère que le lecteur ne me rendra pas responsable.

Et d'abord je débarrasserai le terrain de ce qui est étranger à la question. Le début de votre article est une profession de foi chrétienne. Vous avez parfaitement le droit d'être et de vous dire chrétien, comme d'autres ont également celui de ne l'être pas et de le déclarer nettement. Mais il n'était pas nécessaire pour cela de recourir à des qualifications peu bienveillantes pour ceux qui ne partagent pas votre quiétude au sujet des attaques contre la philosophie, dont les nouveaux défenseurs du dogme chrétien nous donnent journellement l'édifiant spectacle. En présence de cette ligue contre les droits de la raison, ligue qui ne tend à rien moins qu'à faire reculer le monde de plusieurs siècles et dont s'émeuvent justement les véritables gens de bien, je demande s'il est de bon goût et s'il est équitable de venir parler de *combattants attardés et rétrogrades*, de champions s'obstinant à *rentrer dans une arène où l'on ne devait guère s'attendre qu'à trouver des chercheurs d'aventures*, et cela parce qu'au milieu de l'affaissement général des consciences, il reste encore quelques hommes ayant le courage d'avertir la société des nouveaux périls qui la menacent. J'aurais beau jeu si je voulais récriminer contre les auteurs qui administrent leur opium à des intelligences déjà endormies d'un sommeil léthargique, de peur sans doute qu'elles ne viennent à se réveiller. Mais cette polémique irritante serait peu digne du caractère sérieux de ce recueil; au lieu de vous y suivre, je préfère supposer que vous regretterez de vous y être laissé entraîner, et j'arrive à la question de l'esclavage chez les nations chrétiennes.

Mon travail avait eu pour but de démontrer, contrairement à une assertion qu'on trouve partout, que le christianisme ne condamne point en principe l'esclavage, et qu'en fait il ne l'a point aboli. Pour établir le premier point, j'ai invoqué des textes nombreux, extraits des livres sacrés des chrétiens ainsi que des écrits des Pères de l'Église et de ses docteurs les plus autorisés, tels que saint Hilaire de Poitiers, saint Basile, saint Ambroise, saint Chrysostome, saint Augustin, saint Bernard, saint Thomas, Bossuet, etc., textes qui non-seulement ne condamnent pas l'esclavage mais sont directement favorables à son principe. J'ai complété cette démonstration en faisant voir que, dans aucun temps, l'autorité ecclésiastique n'avait condamné comme une chose radicalement mauvaise et à laquelle il fallût mettre un terme, le fait de posséder des esclaves. Pour établir le second point, j'ai invoqué les témoignages irrécusables de l'histoire, depuis les premiers siècles de notre ère jusqu'à nos jours; j'ai montré les princes chrétiens et le clergé lui-même, soit séculier soit régulier, possédant en toute sûreté de conscience des esclaves, puis des serfs; j'ai fait voir enfin que ce n'était pas dans les siècles florissants du christianisme mais depuis son déclin progressif que la cause de l'humanité avait pu se faire entendre, et que pendant un demi-siècle, qui a été s'éloignant toujours du christianisme, l'œuvre de destruction de l'esclavage avait fait plus de chemin que pendant quinze siècles de foi. Pour être complétement vrai et juste envers tous, je n'en ai pas mis moins d'empressement, toutes les fois que l'occasion s'en présentait, à rendre hommage aux actes isolés par lesquels des chrétiens ont pu, à diverses époques, comme l'avaient fait également des payens, contribuer à affranchir des esclaves ou à adoucir leur sort.

Que peut-on opposer à cette masse accablante de faits si hautement accusateurs? Comment se refuser à admettre les conclusions que j'en ai déduites et qui en découlent si naturellement? Vous venez résolûment vous inscrire en faux contre des résultats auxquels la logique conduit forcément quiconque ne veut pas se contenter de répéter des phrases toutes faites, mais prend la peine d'examiner à fond la question. Nos thèses étant contradictoires, ne peuvent être ni toutes deux vraies ni toutes deux fausses; il faut donc que, si l'un de nous a raison, l'autre ait tort. Voyons lequel des deux se trompe. En reconnaissant que l'enseignement du Christ, considéré dans ses rapports avec l'organisation politique, ne condamne pas absolument l'esclavage, vous le justifiez sur ce qu'il eût fallu pour cela *changer par un miracle l'ordre moral des choses*, ce qui *n'eût pas été seulement porter le désordre et la ruine matériels partout, mais aussi violer la loi économique et faire un acte antiprovidentiel.* Je dirai d'abord que, puisque vous voyez dans Jésus *le grand réformateur de la société antique,* on ne comprend pas comment, en condamnant directement et en interdisant une des plus grandes violations de la loi morale, un des plus impies démentis donnés à la Providence qui fait tous les hommes naturellement libres, il eût porté partout le désordre et la ruine, violé la loi économique et fait un acte anti-providentiel, à moins qu'on ne pense que l'esclavage est un des éléments de l'ordre, une des conditions de prospérité sociale, réclamées par la science économique et établies par la Providence. Puisque vous l'appelez un *homme-Dieu* et croyez sa mission *divine*, on ne comprend pas davantage pourquoi ce Dieu n'aurait pas, dans le but de guérir une de nos plaies les plus honteuses, usé de cette puissance surnaturelle à laquelle le font si souvent recourir, pour opérer des prodiges d'une bien moindre utilité, ceux qui admettent qu'on peut être homme et Dieu tout ensemble et que la souveraine sagesse déroge aux lois par lesquelles elle gouverne le monde. Est-ce qu'un miracle, si miracle il y a, qui aurait éclairé l'esprit humain sur tout ce que l'institution de l'esclavage renferme d'odieux, n'eût pas été mille fois plus digne de lui que ceux qu'on lui attribue quand on le fait, par exemple, guérir la cécité du corps avec de la salive et de la boue (*Jean*, ch. 9, v. 6 et 7), ou dessécher un figuier parce qu'il ne donne pas de fruits dans une saison où il ne devait pas en donner (*Marc*, ch. 11, v. 13 et 14), ou bien encore livrer 2,000 pourceaux à une *légion* de démons qui les précipitent dans la mer (*Marc*, ch. 5, v. 1-17, et *Luc*, ch. 8, v. 28-37)? Étrange chose en vérité que de faire venir sur terre Dieu le Fils en personne pour y établir une religion qu'on nous dit bien supérieure à celle que son Père y avait déjà établie, et qui, trouvant une des institutions les plus immorales installée presque à chaque foyer, de peur de causer quelque dérangement dans une pareille société, ne lui dit mot de l'abominable usage qu'elle pratique et la laisse ainsi libre de croire à sa légitimité! Comment ne s'aperçoit-on pas qu'en faisant agir un Dieu de cette façon, on le fait descendre au niveau des législateurs terrestres les plus cauteleux? J'ajoute que M. Edouard Biot avait déjà allégué de semblables motifs de justification, et je m'étonne que vous n'ayez tenu aucun compte de la réponse que j'y avais faite (1). J'avais éga-

(1) Voir cette réponse, pages 42-44.

lement répondu à madame Mary Meynieu, qui a invoqué de pareils arguments pour défendre les fondateurs du christianisme (1).

J'ai soutenu que ce qu'il y avait de criminel dans l'esclavage proprement dit, à savoir le fait d'ôter à un homme cette liberté d'aller et d'agir, qui seule peut constituer la responsabilité morale, se retrouvait dans le servage, *malgré les différences qui pouvaient exister d'ailleurs*. Ici vous me reprochez de confondre deux choses différentes. Je ne les ai point confondues, puisque j'ai pris soin de réserver les différences qui pouvaient exister entre elles. Mais j'ai dit qu'il y avait, dans le servage féodal, un fait de possession de l'homme par son semblable, aussi illégitime que celui de l'esclavage proprement dit; je persiste à soutenir que, dans le servage tout autant que dans l'esclavage, l'être humain dont Dieu avait fait une personne douée de liberté pour qu'elle fût capable de moralité et responsable de ses actes,

(1) Voir cette réponse, pages 178-181.

était réduit à l'état de chose. Que font à la question des différences de situation qui laissent subsister le fond? Qu'importe que le serf ait été attaché à la glèbe au lieu de l'être à l'habitation du seigneur, qu'il ait été assuré de sa pâture quotidienne, arrosée de ses sueurs, au lieu de ramasser les reliefs tombés de la table somptueuse du maître? Qu'importe que les esclaves d'un Védius Pollion aient été plus maltraités peut-être que des serfs du xe siècle, quand, d'un autre côté, ceux-ci étaient beaucoup plus à plaindre que les esclaves d'un Sénèque ou d'un Pline le Jeune (1)? Le caractère de criminalité, disons mieux, d'impiété, qui,

(1) On a vu plus haut (page 155) comment Sénèque recommandait de traiter les esclaves. Voici comment Pline le Jeune traitait les siens : « Video quàm molliter tuos habeas : quò simpliciùs tibi confitebor « quâ indulgentiâ meos tractem. Est mihi semper « in animo et homericum illud, Πατὴρ δ'ὡς ἤπιος ἦεν, et « hoc nostrum *Paterfamilias*. Quòd si essem naturâ « asperior et durior, frangeret me tamen infirmitas « liberti mei Zozimi, cui tantò major humanitas « exhibenda est quantò nunc illâ magis eget. Est

dans l'esclavage soit antique soit moderne, tend à détruire, si cela était possible, l'ordre établi par la nature, n'en persiste pas moins tout entier dans le servage. J'avoue que j'ai beau chercher, je ne viens pas à bout de découvrir ces prétendues améliorations que l'apparition de la doctrine du Christ, à vous en

« homo probus, officiosus, litteratus. . . . .
« Veteris infirmitatis tussiculâ admonitus, rursùs
« sanguinem reddidit. Quâ ex causâ destinavi eum
« mittere in prædia tua quæ Forojulii possides. Au-
« divi enim te sæpè referentem esse ibi et aerem sa-
« lubrem et lac ejusmodi curationibus accommodatis-
« simum. Rogo ergò scribas tuis ut illi villa ut domus
« pateat ; offerant etiam sumptibus ejus si quid opus
« erit. » (Lib. 5, *Epistola* 19.) « Confecerunt me in-
« firmitates meorum, mortes etiam, et quidem juve-
« num. Solatia duo nequaquâm paria tanto dolori,
« solatia tamen : unum, facilitas manumittendi, vi-
« deor enim non omninò immaturos perdidisse quos
« jàm liberos perdidi; alterum, quòd permitto servis
« quoque quasi testamenta facere, eaque ut legitima
« custodio. Mandant rogantque quod visum : pareo
« ut jussus. Dividunt, donant, relinquunt, duntaxat
« intrà domum. Nam servis respublica quædam et
« quasi civitas domus est. » (Lib. 8, *Epistola* 16.)

croire, aurait incessamment apportées dans la condition des serfs. Je vois au contraire leurs chaînes se détendre à mesure que s'affaiblit l'autorité de la doctrine chrétienne, et se rompre définitivement là où cette autorité approche de sa fin.

Il y a, dans la question de l'esclavage chez les nations chrétiennes, un point capital que vous n'abordez pas. J'avais fait observer que le christianisme, prenant pour base les livres de l'Ancien Testament, les déclarait révélés et inspirés par l'Esprit-Saint tout aussi bien que ceux du Nouveau Testament, et j'avais rappelé que l'esclavage trouvait une justification dans des textes exprès de l'Ancien Testament (*Genèse*, ch. 17, v. 12; *Exode*, ch. 21, v. 2-6; *Lévitique*, ch. 25, v. 44-46; et *Ecclésiastique*, ch. 33, v. 25-30). J'en avais conclu qu'un chrétien conséquent n'avait pas le droit de condamner l'esclavage, puisque son Dieu, à qui il ne peut rien attribuer d'essentiellement mauvais, l'avait formellement permis aux

Juifs. Autant ceux des chrétiens d'aujourd'hui qui prétendent que le christianisme a aboli l'esclavage évitent de parler de ces textes de l'Ancien Testament, autant au contraire ceux des nations américaines qui possèdent encore des esclaves et qui soutiennent que la doctrine chrétienne ne s'y oppose nullement ont soin d'appuyer leur assertion sur ces mêmes textes. La raison de cette différence est fort simple : c'est qu'en effet les livres de l'Ancien Testament donnent raison aux chrétiens qui justifient et pratiquent l'esclavage, et tort à ceux qui le réprouvent. Madame Mary Meynieu, qui est, comme vous, du nombre de ces derniers, avec lesquels assurément nous sympathisons le plus, malgré les défaillances de leur logique, ayant demandé ce que les livres de l'Ancien Testament avaient à démêler avec la question, et prétendu que le christianisme était désintéressé dans les jugements qu'on pouvait porter sur les dispositions de la loi mosaïque relativement à l'esclavage, j'ai dû lui adresser la réponse que je prends la liberté, en terminant, de recommander à votre attention.

Agréez, Monsieur, etc.

Deuxième Réponse à M. Leymarie

MONSIEUR,

En insérant la réponse précédente dans le n° d'octobre 1857 du *Journal des Économistes* dont vous êtes un des rédacteurs, vous l'avez fait suivre de nouvelles observations critiques, dans lesquelles vous persistez à attribuer au christianisme l'abolition graduelle de l'esclavage. J'avais pensé qu'il était digne de vous d'oser sur ce point vous écarter des sentiers battus par la foule des écrivains et des orateurs. Vous demeurez sur un terrain où vous vous êtes cru sans doute retenu par la publication d'un livre dont j'aurai à parler tout à l'heure et qui n'était pas d'abord à ma connaissance. Indépendamment donc de la défiance que devait déjà m'inspirer le sentiment de mon peu d'habileté à opérer certaines conversions, je vois maintenant à regret que ma tâche auprès de vous se complique d'une circonstance défavorable que j'avais ignorée ; vous aviez un parti pris. J'arrive donc tard. Je ne veux pourtant pas désespérer absolument que les dernières réflexions qu'il me reste à vous adresser fassent sur vous quelque impression ; peut-être au moins profiteront-elles à ceux que vos instances auraient pu égarer.

C'est aux progrès de la raison que j'attribue l'abolition graduelle de l'esclavage, et je n'en attends l'entière destruction que de progrès ultérieurs et imminents de cette même raison, s'éloignant toujours davantage du christianisme. Vous, Monsieur, forcé de reconnaître que les fondateurs de la religion chrétienne n'ont jamais interdit expressément et directement à leurs adeptes le fait détestable de la possession des esclaves, vous persistez à leur faire un mérite de cette abstention, que je tiens au contraire pour une souveraine prévarication, et qui est en grande partie cause qu'après dix-huit siècles le monde chrétien offre encore aujourd'hui aux regards attristés du philosophe une des plaies les plus hideuses de l'humanité. Si je n'ai pas réussi à éclairer de la lumière de l'évidence ce sujet de tant de discussions, je ne sais plus ce qu'il faut entendre par démonstration.

J'ai dit, dans ma précédente réponse, que j'avais établi par des textes nombreux, extraits des livres sacrés des chrétiens, que le christianisme ne condamnait point en principe l'esclavage. Vous avouez que ces textes sont nombreux en effet, mais vous contestez qu'ils soient extraits des livres sacrés des chrétiens. Vous ne voulez reconnaître ce caractère qu'au passage de l'évangile de saint Luc, ch. 12, v. 47, où Jésus dit, sans aucune expression de blâme, que *l'esclave qui a connu la volonté de son maître et qui ne s'y est pas conformé, recevra force coups*, et vous trouvez que toutes mes recherches ont abouti à découvrir ce passage. Quant aux textes par lesquels saint

Pierre et saint Paul, dans leurs *Epîtres*, recommandent aux esclaves d'obéir à leurs maîtres, vous les comptez pour rien, et vous ajoutez que ce serait peine perdue que de discuter ce point plus longuement. Je ne voudrais pas faire une remarque qui pût vous blesser. Et pourtant, comment y réussir dans la situation que vous me faites? S'il y a quelque chose, dans les discussions, qui expose à perdre patience, c'est d'avoir affaire à des contradicteurs qui, se portant pour défenseurs de certaines doctrines, ne savent pas ce qui les constitue. Je crois devoir rendre le christianisme responsable du méfait de la persistance de l'esclavage dans son sein, et je vous trouve sur mon chemin dans l'attitude d'un adversaire. Je dois supposer dès lors que vous êtes chrétien. Mais quel chrétien êtes-vous donc, si vous ignorez que les *Epîtres* de saint Pierre et de saint Paul sont rangées parmi les livres canoniques du Nouveau Testament aussi bien que les Évangiles? Les chrétiens de toutes les communions, catholiques, protestants, grecs unis ou séparés, savent cela. Je n'excepte pas même ces nouveaux sociniens, les unitaires des États-Unis et d'Angleterre, qui niant, tous les dogmes du christianisme, n'ont pas le courage d'avouer qu'ils ne sont plus chrétiens du tout, ou ont la naïveté de croire qu'il suffit, pour être autorisé à porter ce nom, de lire avec édification quelques textes à leur convenance, disséminés au milieu d'une infinité d'autres textes qu'ils sont les premiers à rejeter.

Mais voici un autre point sur lequel votre orthodoxie est encore singulièrement en défaut. J'avais fait observer que l'esclavage trouvant sa justification dans des textes de l'Ancien Testament, un chrétien conséquent n'avait pas le droit de le condamner comme une chose radicalement mauvaise. Vous niez la solidarité qui, *d'après moi*, à ce que vous prétendez, existerait entre la doctrine de Moyse et celle de Jésus-Christ. Ne dites pas d'après moi, s'il vous plaît, mais bien d'après l'enseignement constant et les décisions les plus expresses de votre Église. Il suffira, je pense, de rappeler ici l'anathème porté par le concile général de Trente, dans sa 4e session, contre ceux qui refusent d'admettre que tous les livres de l'Ancien et du Nouveau Testament ont *le même Dieu pour auteur*, et qu'ils sont *dans toutes leurs parties également sacrés et canoniques*. Vous voilà sous le coup de cet anathème, et vous vous y placez encore mieux quand vous qualifiez de *plus ou moins mauvaises* les institutions du fondateur du mosaïsme. Quel blasphème dans la bouche d'un chrétien qui ne doit pas ignorer que Moyse lui est donné pour inspiré de Dieu et agissant en son nom ! Vous citez plusieurs passages des Évangiles où Jésus lui-même critique les prescriptions de l'ancienne loi. Ces contradictions existent en effet dans les Évangiles ; ils en contiennent bien d'autres, qu'il serait trop long d'énumérer ici. Mais les textes que j'avais cités n'en existent pas moins, ces textes si formels où

Jésus déclare qu'il n'est pas venu détruire la loi mais qu'*elle sera observée jusqu'à un iota* tant que le monde subsistera, et qu'*il faut observer tout ce que prescrivent les docteurs assis dans la chaire de Moyse* (Matthieu, ch. 5, v. 17-19, et ch. 23, v. 2 et 3). Si ces choses ne vont pas ensemble, ce n'est pas à moi de les concilier. Accordez-les si vous le pouvez.

Après avoir invoqué les témoignages incontestés de l'histoire, j'étais arrivé à cette conclusion que, pendant un demi-siècle qui a été toujours de moins en moins chrétien, l'œuvre de destruction de l'esclavage avait fait plus de chemin que pendant quinze siècles de foi. Vous vous élevez contre cette conclusion, et par quels arguments ? Vous faites remarquer, ce que je suis loin de contester, qu'au déclin de l'empire romain, la société se composait de maîtres et d'esclaves, et vous citez le Digeste et Ulpien qui assimilaient la condition de l'esclave à celle du quadrupède. Mais ce Digeste était publié, au VIe siècle, par un empereur chrétien.

Vous ajoutez que les textes mêmes cités par moi *témoignent que c'est aux premiers empereurs chrétiens que l'esclave doit les premiers adoucissements à son sort.* Je vous avoue que j'ai été grandement surpris d'une pareille assertion ; car les actes que j'ai cités des premiers empereurs chrétiens, Constantin, Théodose Ier, Honorius, Arcadius, Théodose II, Justinien Ier, Justinien II, Constantin Pogonat, prouvent précisément le contraire. Vous dites que l'Église protégeait alors l'esclave autant qu'il était en elle et qu'elle frappait de ses foudres quiconque tentait de réduire un affranchi à la condition d'esclave. Le deuxième concile d'Arles contient en effet, canon 33, cette disposition. Mais vous ne dites rien ni du canon 32, qui, renouvelant la défense du premier concile d'Orange, excommunie ceux qui seraient venus prendre *les esclaves des clercs* à la place des esclaves qui se seraient réfugiés dans les églises, ni du canon 34, qui permet, dans certains cas, pour cause d'ingratitude, de remettre les affranchis sous le joug. Vous prétendez qu'*un asile inviolable* était ouvert dans les églises à l'esclave poursuivi par la colère de son maître. Cet asile n'était point absolument inviolable ; car le même canon 22 du cinquième concile d'Orléans, que vous invoquez, accorde au maître, dans certains cas, le droit de reprendre son esclave. Vous ajoutez que le quatrième concile d'Orléans donnait à tout chrétien le droit de délivrer un esclave, chrétien comme lui, de la servitude d'un juif, en dédommageant le maître selon une juste appréciation. *D'un juif*, oui, mais non pas d'un chrétien. Oseriez-vous affirmer qu'il n'arrivait jamais que cette prétendue délivrance fût en définitive une vente forcée qu'un chrétien, sous prétexte de religion, obligeait un juif à lui faire de son esclave ? Et puis, en citant cette disposition du canon 30 du quatrième concile d'Orléans, vous ne mentionnez ni le canon 23 qui, défendant *aux esclaves de l'Église* d'exercer des brigandages, prouve que l'Église avait des esclaves et des esclaves menant une détestable vie, ni le canon 32, qui prescrit que les enfants nés de parents esclaves et qui auraient été détournés de la condition servile, y soient rendus, quelque part qu'on les trouve et quel que soit le temps écoulé depuis qu'ils se croyaient libres.

J'arrive à la partie de votre critique qui est relative à la substitution du servage à l'esclavage. C'est un véritable chant de triomphe par lequel vous célébrez la douceur du servage féodal. Si nos paysans vous lisent, ils regretteront l'heureux temps où leurs ayeux étaient attachés à la glèbe et où ils ne goûtaient les premiers embrassements de leurs femmes qu'avec la permission et sous le bon plaisir de leurs seigneurs (1). Vous voyez, dans le fait de la

(1) Je ne sais s'il est possible de trouver, dans les faits de l'esclavage ancien où se voient tant de choses odieuses, rien qui le soit plus que ce *droit de prélibation* que certains seigneurs exerçaient effectivement ou remplaçaient à leur gré par un tribut en argent, droit infâme qui souillait à sa source la sainte institution du mariage, droit tellement outrageant qu'on

substitution du servage à l'esclavage, *la réhabilitation de l'homme dans l'esclave et son déclassement d'entre les instruments aratoires, bêtes et outils*. J'étais si éloigné de voir la réhabilitation de l'homme dans le fait de l'attacher au champ qu'il était forcé de cultiver au profit

se demande comment il a pu y avoir des hommes capables de s'y soumettre. Le maître payen se croyait aussi le droit de disposer du corps de ses esclaves ; mais jamais peut-être il ne lui fût venu à la pensée de réclamer la première nuit des noces de ceux auxquels il permettait de s'unir : pour qu'un tel raffinement de cruelle impureté en même temps que d'impiété osât se montrer dans le monde, il fallait qu'on arrivât aux beaux jours de foi et de ferveur chrétienne. J'ai longtemps refusé de croire qu'une pareille exaction eût existé, et mon incrédulité n'a été vaincue qu'après que j'ai eu sous les yeux plusieurs des actes consignés, avec un cynisme révoltant de détails et d'expressions, dans les monuments authentiques de l'histoire de la féodalité. Le lecteur me dispense de lui retracer ici les textes mêmes des chartes et coutumes dont je veux parler ; car il trouve sans doute comme moi que c'est bien assez déjà de l'odeur nauséabonde que de récentes discussions ont fait exhaler de cette fange.

d'un autre, qu'au contraire je n'aurais pas trouvé d'expression plus convenable pour rendre ma pensée à cet égard que de dire que cela était classer l'homme entre les instruments aratoires, bêtes et outils. En distinguant trois conditions se rattachant à la qualité des domaines, 1° le colon et le manse serviles, 2° le colon et le manse ingénuiles, 3° les colons et les manses fiscalins et lides, c'est-à-dire royaux et ecclésiastiques, vous découvrez là *une sorte de hiérarchie* que les serfs pouvaient parcourir. *A l'exception des serfs royaux et ecclésiastiques*, dites-vous, *ils étaient tous égaux en droits*, *ils pouvaient acheter et vendre des serfs*, ce qui était assurément une magnifique prérogative. Il est vrai qu'*il leur était interdit de se marier hors de leur domaine sans la permission de celui de qui ils le tenaient;* mais cette petite gêne vous paraît suffisamment compensée par la faculté qu'on leur accordait de *contracter de véritables unions*, *aussi indissolubles que celles des ingénus*. Quant aux serfs ecclésiastiques et royaux, ils constituaient à vos yeux *comme une aristocratie du servage;* ils étaient composés *deux et trois fois plus cher que les serfs ordinaires*, lesquels pouvaient cependant *s'élever par le travail* à cet honneur d'une évaluation double ou triple de celle de leurs ancêtres, honneur qui était un des principaux priviléges de votre *servage supérieur*. Quelle belle carrière c'était alors que le servage, et combien ces expressions d'*aristocratie du servage*, de *servage supérieur* auquel on pouvait *s'élever par le travail*, m'ont paru bien choisies! Vous concluez que cet état de choses témoigne, *au rebours de ce que j'avance, d'un progrès parallèle au développement du christianisme. Mais*, ajoutez-vous, *le progrès ne s'arrête pas là, et il s'étend avec une grande énergie pendant la période féodale, du* x^e^ *au* xive *siècle.* Nous parlerons tout à l'heure de cette nouvelle merveille du progrès à pas de géant que le christianisme fait faire aux institutions féodales.

Quittons la plaisanterie. Aussi bien est-ce à regret que je l'ai employée un instant dans un sujet qui me fournit un exemple de plus de ces tristes retours vers le passé, auxquels se laissent aller beaucoup d'hommes d'esprit. Vous aviez publié, avant que parût mon travail sur l'*Esclavage chez les nations chrétiennes*, une *Histoire des paysans,* que je viens de lire et où j'ai eu souvent à apprécier le talent de l'écrivain et les patientes recherches de l'érudit. Vous vous êtes appliqué à y faire prévaloir deux idées qui en constituent le fond et qui m'ont donné l'explication de vos articles des numéros d'août et octobre du *Journal des Economistes*. L'une de ces idées, qui ne vous est point particulière, puisqu'elle a cours dans la plupart des livres, est que le christianisme a aboli l'esclavage : la thèse que j'ai soutenue depuis en était la contre-partie, et comme elle n'a point eu la bonne fortune de changer vos convictions, vous l'avez critiquée; cela était fort naturel, car on peut demeurer très-consciencieusement dans l'erreur. L'autre idée, qui est plus neuve, quoiqu'elle ne le soit pas complétement, est une tentative de réhabilitation du régime féodal, tentative timide et voilée, car vous avez trop de prudence pour offrir, dans toute leur crudité et sans un assaisonnement quelque peu libéral, de pareils aliments même au commun des lecteurs d'aujourd'hui, quelque force de digestion et d'assimilation que vous lui connaissiez. Je n'ai point à entrer dans le détail des faits que vous invoquez à l'appui de votre système, et dont on peut voir le résumé fidèle dans celui de vos articles auquel je réponds ici; car la plupart de ces faits sont parfaitement indifférents dans la question que j'ai eu l'intention de traiter.

Votre persistance à nier qu'il y ait eu, dans le servage aussi bien que dans l'esclavage, un fait de possession de l'homme par l'homme, a de quoi surprendre. Comment! voilà un homme qui est attaché avec sa femme et ses enfants à une terre qui appartient à un autre au profit de qui ils sont obligés de la cultiver, et qui peut les donner, les échanger et les vendre avec cette terre, et vous ne voulez pas que je dise que cet homme est possédé par un autre homme ! Mais rien au contraire n'est plus évident ; cela est tellement évident, que je ne sais pas en vérité ce qu'il y aurait à ajouter pour vous en convaincre. Le fait de ne pouvoir être détaché de la terre, eût-il été universel et absolu, n'importerait nullement à la question. Mais il s'en fallait bien que ce fait fût universel. Vous citez vous-même, dans votre *Histoire des paysans*, plusieurs exemples de serfs détachés de la glèbe, et l'on pourrait en citer beaucoup d'autres. On comprend du reste qu'il devait en être ainsi. Les grands seigneurs, laïques ou ecclésiastiques, possesseurs du sol, n'étaient pas hommes à se passer de services intérieurs et personnels. Or par qui ces services leur étaient-ils rendus ? Ce n'était assurément pas par des domestiques à gages, que l'on ne connaissait pas alors ; c'était donc par un certain nombre de leurs serfs. Enfin, quand on vous accorderait que la substitution du servage à l'esclavage eût été un fait d'adoucissement de la servitude, aussi considérable qu'il vous le paraît, toujours serait-il qu'il faudrait en attribuer le mérite à l'invasion germaine. Vous continuez de soutenir que ce progrès était dû à l'influence du christianisme, et pour cela non-seulement vous ne tenez aucun compte des preuves du contraire, que j'ai administrées, mais vous oubliez cet aveu que vous en aviez fait vous-même dans votre *Histoire des paysans*, aveu qui s'y trouve, il est vrai, fréquemment en compagnie d'assertions semblables à celle que je combats en ce moment : « La domination des peuples du « Nord apporta à la condition de la classe « agricole des Gaules un changement tout en « sa faveur, et dont le résultat définitif fut de « substituer le servage à l'esclavage, c'est-à-« dire de généraliser le mode de culture si « rationnel et si avantageux du colonat qu'ils

« avaient trouvé dans les lois et les habitudes « gallo-romaines comme dans leurs propres « coutumes (1). »

Votre empressement à briser les chaînes qui vous avaient paru pourtant si fort allégées par l'établissement du servage, vous fait tirer des conclusions générales de chartes qui ne sont que des cas particuliers et où vous voyez une atténuation souvent contestable de ce même servage. C'est ainsi, par exemple, que vous citez les coutumes de Montfort, portant qu'il *sera loisible aux hommes taillables de passer de la mouvance d'un seigneur à la mouvance d'un autre*, ce qui ressemble assez à la *liberté* qu'on donnerait à un prisonnier de changer de cellule avec son voisin ; et puis le texte ajoute : *en abandonnant les meubles au seigneur*, clause impitoyable qui rendait à peu près impossible l'exercice de la faculté de s'en aller. Les coutumes de Montfort sont du commencement du

(1) *Epoque Franke, Les Serfs*, ch. 1er, 1re partie, Paris, 1846.

XIIIe siècle, et vous affirmez que, dès cette époque, il n'existait plus de servage proprement dit. Admettons pour un moment que cette affirmation, que vous m'opposez d'un air victorieux, ne soit pas aventurée. Eh bien, qu'est-ce que cela ferait à la thèse que j'ai soutenue? Ce que j'ai dit de l'esclavage ou du servage ne peut se rapporter qu'aux temps et aux lieux où il a existé. Je n'ai jamais pensé à nier que, dans certaines contrées de l'Europe et particulièrement en France, le servage eût fini par être remplacé par le système des redevances, dîmes, tailles, corvées et autres exactions qui nous semblent aujourd'hui impossibles, système sous lequel les vilains eurent encore à être pressurés par leurs seigneurs laïques et ecclésiastiques et à gémir pendant plusieurs siècles. Et pourtant, sur la fin même du siècle dernier, le servage proprement dit n'avait pas encore entièrement disparu du sol français. On se rappelle les généreuses réclamations de Voltaire en faveur des paysans du Jura, que leurs seigneurs, les chanoines de Saint-Claude, traitaient en véritables serfs : quoique vous ne les ayez certainement pas oubliées non plus, je vous engage à relire l'ouvrage du grand écrivain, intitulé *La coutume de Franche-Comté*. Je vous recommande le passage relatif au légiste Dunod, *ce professeur d'esclavage*, qui a pris *cette petite coutume sous sa protection* dans un gros in-4°. Je vous renvoie enfin à l'Édit de Louis XVI, du 8 août 1779, qui constate qu'à cette époque même, il existait encore, dans plusieurs de nos provinces, de véritables serfs ; vous y lirez ces remarquables paroles : « Nous « avons été affecté en considérant qu'un « grand nombre de nos sujets, servilement « encore attachés à la glèbe, sont regardés « comme en faisant partie et confondus pour « ainsi dire avec elle ; que, privés de la li« berté de leurs personnes et des prérogati« ves de la propriété, ils sont mis eux-mêmes « au nombre des possessions féodales ; qu'ils

« n'ont pas la consolation de disposer de leurs « biens après eux, et qu'excepté dans certains « cas, rigidement circonscrits, ils ne peuvent « pas même transmettre à leurs propres en- « fants le fruit de leurs travaux... Nous au- « rions voulu abolir sans distinction ces vesti- « ges d'une féodalité rigoureuse. Mais nos « finances ne nous permettant pas de rache- « ter ce droit des mains des seigneurs, et re- « tenu par les égards que nous aurons dans « tous les temps pour les lois de la propriété, « que nous considérons comme le plus sûr « fondement de l'ordre et de la justice, nous « avons vu avec satisfaction qu'en respectant « ces principes nous pouvions cependant ef- « fectuer une partie du bien que nous avions « en vue en abolissant le droit de servitude, « non-seulement dans tous les domaines en « nos mains, mais encore dans tous ceux en- « gagés par nous et les rois nos prédéces- « seurs... Nous éteignons et abolissons, dans « toutes les terres et seigneuries de notre do-

« maine, la mainmorte et condition servile, « ensemble tous les droits qui en sont des « suites et des dépendances; voulons qu'à « compter du jour de la publication des pré- « sentes, ceux qui, dans l'étendue desdites « terres et seigneuries, sont assujettis à cette « condition, sous le nom d'hommes de corps, « de *serfs*, de mainmortables, de mortailla- « bles et de taillables, ou sous telle autre dé- « nomination que ce puisse être, en soient « pleinement et irrévocablement affranchis, et « qu'à l'égard de la liberté de leurs person- « nes, de la faculté de se marier et de changer « de domicile, de la propriété de leurs biens, « du pouvoir de les aliéner ou hypothéquer et « d'en disposer entre-vifs ou par testaments... « ils jouissent des mêmes droits, facultés et « prérogatives qui, suivant les lois et coutu- « mes, appartiennent aux personnes fran- « ches (1). » En affranchissant les serfs de ses

(1) *Recueil général des anciennes lois françaises*, par

propres domaines, le roi n'osa pas appliquer cette mesure aux terres des seigneurs, des ecclésiastiques et des corps et communautés ; il se contenta, pour le cas où ils voudraient imiter son exemple, de les dispenser d'obtenir à cet effet son autorisation particulière, dispense véritablement dérisoire, car il était trop facile de prévoir qu'ils ne se presseraient pas d'en user. Dix ans plus tard, le 23 juin 1789, Louis XVI déclara encore aux États-Généraux son intention expresse qu'on respectât les *dîmes, cens, rentes, droits et devoirs féodaux et seigneuriaux*, et généralement tous les droits et prérogatives utiles ou honorifiques, attachés aux terres et aux fiefs, et il se borna à exprimer le désir qu'on lui proposât les moyens de pourvoir à l'indemnité qui pourrait être due aux seigneurs en possession de ces droits (1). Vous savez comment, dans la nuit du 4 août sui-

MM. Jourdan, Isambert et Decrusy, tome XXVI, Paris, 1826.

(1) *Moniteur* du 20 au 24 juin 1789.

vant, l'Assemblée constituante, lasse de toutes les tergiversations du pouvoir, de toutes ses timides et impuissantes velléités de marcher avec le siècle, suivies presque aussitôt de honteux reculs, trancha énergiquement et définitivement toute difficulté. Je finis en vous rappelant que le servage n'a été aboli que d'hier en Hongrie, en Pologne et en Russie, et qu'il y a encore aujourd'hui des esclaves chez des nations qui tiennent d'autant plus opiniâtrément à cette criminelle possession qu'elles sont plus attachées à la foi chrétienne.

Agréez, Monsieur, etc.

Réponse à M. Cochin

Je dirai quelques mots seulement d'une attaque plus récente.

Un écrivain dont le nom réveille des souvenirs chers à la philanthropie, M. Cochin, a mentionné le présent ouvrage en ces termes : « *Pour dénigrer* le christianisme, on a soutenu, « à grand renfort d'érudition, que la raison et « la philosophie pouvaient seules prétendre à « l'honneur d'avoir émancipé les esclaves. » (*L'Abolition de l'esclavage*, 3e partie, livre 10, *Introduction*, Paris, 1861.) Pour ceux qui savent la valeur des mots, et M. Cochin est certainement de ce nombre, l'expression *dénigrer* ne désigne pas un acte bien honorable, et je suis sûr qu'il se trouverait peu flatté si quelqu'un venait l'accuser d'avoir écrit son livre *pour dénigrer* la raison et la philosophie. Portée devant le tribunal du public, une pareille accusation lui semblerait malsonnante et injuste, et il aurait raison; car je ne doute pas que ce ne soit de très-bonne foi qu'il se dit chrétien et qu'il écrit que le christianisme a détruit l'esclavage. Mais moi, qui ai dit nettement, dans un livre, fruit de longues études et de sérieuses méditations, pourquoi je ne suis pas chrétien, n'ai-je pas le droit d'écrire qu'à mon sens le christianisme n'a point aboli l'esclavage, et suis-je donc placé dans l'alternative ou de voir les choses en religion absolument de la façon dont les voit M. Cochin, ou d'être exposé à ce que ma sincérité soit mise en suspicion ? Les preuves que j'ai accumulées pour établir ma thèse ne le convainquent pas. Soit. Elles en ont convaincu et j'espère qu'elles en convaincront encore d'autres. La résistance qu'il oppose à ce qu'il appelle, avec un peu plus de malice que je ne lui en supposais, *un grand renfort d'érudition*, qui ne serait pourtant pas un crime irrémissible, cette résistance, dis-je, offre un fâcheux exemple de plus de ce que l'on sait de la persistance du parti pris en matière de foi religieuse ; mais elle ne m'empêchera pas de me montrer plus juste envers lui qu'il ne l'est envers ses adversaires. Loin de demeurer insensible aux mérites de son livre, j'aime à reconnaître que plusieurs de ses pages respirent l'honnêteté la plus parfaite et qu'il y plaide chaleureusement la cause de l'humanité. On en jugera par les passages suivants :

« L'esclavage est avant tout la négation de « la famille. Or l'homme est doué d'une étonnante capacité pour souffrir ; il sait vivre sous « terre et sur l'eau, Indien dans les forêts, Chinois dans son bateau, Lapon dans ses ténèbres, mais à la condition de pouvoir dire : « Ma femme, mon enfant, ma mère, mon bateau, ma cabane, mon outil. L'esclave est « sans famille ; il n'est pas sûr de garder sa « femme ou de connaître son père ; sa pioche « n'est pas à lui, et lorsqu'il met sa main sur « sa poitrine, il ne peut pas dire : Cette peau

« est à moi. Or, sans ces droits, l'homme n'est « pas un homme, la nature est violée dans sa « personne. Au lieu de famille, l'esclavage « forme des troupeaux. Il parque des captifs « sous la garde des geôliers dans un petit coin « d'une des terres les plus magnifiques de la « création ; cette terre ne sera pas peuplée. « Aux rapports de frère à frère il substitue les « rapports de bouvier à bœuf et de maître à « bétail ; cette terre ne sera pas civilisée. Il « inspire à l'une des races pour l'autre une « horreur, un éloignement réciproques ; s'il se « forme entre elles des liens, ils sont un crime, « les deux races vivant sans se mêler ; la race « des héritiers prédestinés de ces contrées ne « sera pas fondée. On verra la race inférieure « souffrir, se révolter ou se soumettre, ne ja- « mais s'élever, s'abrutir, puis s'éteindre. On « verra la race supérieure s'endurcir, se cor- « rompre, s'acharner au mal, y chercher la « richesse, la préférer à tout, y trouver l'abais- « sement, le déshonneur, puis la ruine. En

« commençant à écrire, j'étais ému du sort des « opprimés, du sort de cette pauvre race qui a « fait la fortune de ceux qui perpétuent sa mi- « sère; en finissant, je me prends à plaindre « les oppresseurs, je les conjure d'avoir pitié « d'eux-mêmes et de mettre un terme au mal « qu'ils se font. » (*Introduction*, III.)

« Il faut, pour anéantir la traite, abolir ou « diminuer au moins deux maux, l'esclavage « en Amérique, la barbarie en Afrique. L'état « affreux d'un continent entier, condamné de- « puis le commencement du monde à n'être « jamais civilisé, jamais libre, jamais élevé au « goût du travail et des arts, réduit au-dessous « du niveau de tous les autres, destiné à four- « nir, comme une mine produit le charbon, « des esclaves noirs au reste de la terre, telle « est la première et la dernière conséquence « de l'esclavage. » (*Ibidem.*)

« On ne manquera pas d'ajouter que l'es- « clavage est un moyen de convertir une race « payenne au christianisme. Ainsi les esclaves

« sont des écoliers et des catéchumènes, les « maîtres sont des instituteurs et des prédica- « teurs, les habitations sont des pensionnats et « des petits séminaires, l'esclavage est une mé- « thode d'éducation et de conversion. Après « trois siècles de ce régime, on parle de liberté. « Prenez garde, s'écrient d'une voix tous les « maîtres, vous allez jeter dans la société des « êtres ignorants et dépravés ! Quoi ! l'éduca- « tion et la conversion de vos écoliers ne sont « pas achevées ! Ou les élèves sont incorrigi- « bles ou la méthode est mauvaise ; il est temps « d'en changer et de renoncer à ce pitoyable « argument. Les craintes des maîtres démen- « tent leurs promesses. » (Ire partie, livre Ier, ch. 16.)

« Aucune preuve physique ne peut démon- « trer que la couleur d'un homme est une li- « vrée de servitude, et l'homme ne porte pas « ses titres de noblesse sur le parchemin de sa « peau. A-t-il une âme ? Là est toute la ques- « tion. Un homme ne peut pas être esclave

« parce qu'il est un homme; celui qui ne « comprend pas cela mérite-t-il lui-même le « nom d'homme? » (2e partie, livre IV, ch. 3.)

« John Wesley a appelé l'esclavage l'*abrégé « de toutes les infamies*. Canning a défini un « navire négrier *la plus grande réunion de « crimes sous le plus petit espace*. Robert « Peel a dit que ce trafic excite à plus de « crimes qu'*aucun acte public qui ait jamais été « commis par aucune nation, quel que fût « son mépris pour les lois divines et hu- « maines*. Je crois qu'on peut appeler aussi « l'histoire de la traite des esclaves et de l'abo- « lition de la traite un résumé de la honte et « de la grandeur du genre humain. » (Livre IX, 1.)

M. Cochin, obéissant à son insu, comme beaucoup d'autres écrivains, aux impulsions généreuses que la philosophie et le progrès de la science ont données aux personnes et aux choses, réprouve, comme on voit, l'esclavage aussi énergiquement que nous pouvons le faire nous mêmes. Il n'en est que plus regrettable qu'il ait mêlé à son excellent plaidoyer les illusions de ses préjugés religieux : « Je « dois, dit-il, au christianisme l'horreur que « l'esclavage m'inspire. Mon travail m'eût donc « semblé incomplet et surtout ingrat, si je « ne l'avais pas terminé par un chapitre sur « *le christianisme et l'esclavage*, chapitre des- « tiné à démontrer, à la suite et à l'aide de « tant de savants écrits, *non pas que le chris-* « *tianisme a détruit l'esclavage à lui seul*, mais « qu'on ne l'aurait pas aboli, qu'on ne l'abolira « pas sans lui. » (*Introduction*, *IV*.) M. Cochin aime à se persuader qu'il est abolitioniste parce qu'il est chrétien. Je lui demanderai alors pourquoi donc, nous qui ne sommes pas chrétiens, nous avons pour l'esclavage une horreur au moins égale à la sienne, pourquoi donc la cause de cette exécrable institution n'a été attaquée sérieusement, puis définitivement perdue, que depuis que celle du dogmatisme chrétien l'a été également. La vérité est qu'il réprouve l'esclavage non pas *parce que* mais *quoique* chrétien ; il le réprouve, qu'il le sache ou non, par les mêmes raisons qui faisaient que Voltaire, prenant la défense des serfs de Saint-Claude, et les conventionnels, votant l'affranchissement des esclaves de nos colonies, le réprouvaient, qui font que nous le réprouvons nous-mêmes. On l'a bien vu tout à l'heure dans les passages que j'ai cités de son livre et où il ne triomphe véritablement contre l'esclavage qu'en invoquant comme nous les arguments fournis par la pure raison, arguments qui sont en opposition manifeste avec l'esprit et la mise en pratique constante des dogmes chrétiens. Redisons-le encore une fois, parce qu'on ne saurait trop le dire, un chrétien vrai et conséquent n'a pas le droit de soutenir que l'esclavage est en soi une chose condamnable, puisque, outre qu'il n'y a pas dans le Nouveau Testament un seul texte qui le condamne directement et l'interdise comme radicalement mauvais, le Dieu de

Moyse, ce Dieu que les chrétiens adorent comme les Juifs, l'a permis à ceux-ci, et que Dieu ne peut pas permettre une chose qui serait contraire au droit naturel. On a pu remarquer, dans le dernier passage que je viens de citer de M. Cochin, ces paroles qui semblent déceler quelque hésitation, *non pas que le christianisme a détruit l'esclavage à lui seul.* On pourrait croire qu'il y a là un progrès sur le langage ordinaire des auteurs dont il est imbu, et où l'on sait que cette phrase, *le christianisme a aboli l'esclavage*, est stéréotypée; mais on se tromperait; car, dès les premiers mots du livre X, il revient simplement et sans restriction à la formule habituelle de ces auteurs.

Ecoutons encore en quels termes pleins d'une sainte indignation M. Cochin flagelle les prêtres chrétiens qui, dans les pays où l'esclavage est en vigueur, invoquent la religion en sa faveur : « Ah ! ne parlons pas de religion. « Si nous faisons le mal, n'y mêlons pas le

« saint nom de Dieu ; que surtout les ministres des divers cultes se taisent ; leurs dissertations nauséabondes ne prouvent qu'une chose, c'est qu'au lieu de convertir les noirs, l'esclavage a corrompu les prêtres (1). » (2e partie, livre IV, chap. III.) Voilà assurément de bonnes paroles ; mais, dans la bou-

(1) M. Cochin avait constaté déjà (1re part., liv. 1er, ch. 15) que le clergé avait toléré, puis honteusement pratiqué l'esclavage dans les colonies ; il avait cité à l'appui le document suivant, extrait des *Procès-verbaux des séances de la Compagnie des Iles, séance du 5 mai* 1645 : « Les religieux de Saint-Dominigue, résidant en l'île de la Guadeloupe, demandent douze « nègres pour le service de leurs deux maisons... La « Compagnie demandera au sieur Houel, gouverneur « de ladite île, que des premiers nègres qui viendront en l'île, il en donne quatre auxdits religieux, « lesquels seront priés d'avoir soin d'instruire en la « foi les nègres et sauvages estant dans ladite île. Et « sur la proposition desdits religieux de pouvoir « avoir un lot de nègres qui sont exposés en vente « quand il en arrive en ladite île, en les payant au « prix des autres, en sera écrit audit sieur Houel, « pour donner la liberté auxdits religieux d'acheter « desdits nègres ainsi que les autres particuliers. »

che d'un chrétien, elles ont malheureusement le défaut d'être adressées à des docteurs plus conséquents qu'il ne l'est à leur faux point de départ commun.

APPENDICE

Je venais de mettre la dernière main à la précédente édition de cet ouvrage, lorsque j'ai eu connaissance d'un livre publié par M. F. W. Sargent, citoyen de Philadelphie (1). J'ai eu maintes occasions de faire voir que l'institution de l'esclavage, loin d'être condamnée par les livres soit du Nouveau Testament soit surtout de l'Ancien, y trouvait au contraire une consécration, et qu'ainsi des chrétiens conséquents n'avaient pas le droit de le réprouver.

(1) *Les Etats confédérés et l'Esclavage*, Paris, 1864.

J'ai dit particulièrement (page 37 du 1er chapitre) que, dans les églises des pays américains à esclaves, les ministres de l'Évangile soutenaient la légitimité de l'esclavage. Quoique ce fait soit de notoriété publique, je crois utile, en terminant, d'appuyer mon affirmation sur les témoignages que nous apportait à ce sujet le livre de M. Sargent, et dont voici quelques extraits :

« Tous les hommes éminents du Sud, y
« compris les évêques de l'Église épiscopale et
« les autres membres du clergé, ont proclamé
« que le fondement et la pierre angulaire du
« nouveau gouvernement était cette grande
« vérité que le nègre n'est point l'égal du
« blanc, et que le Sud demande à l'esclavage
« sa raison d'être comme nation. » (Page 12.)

« Le révérend M. Palmer, ministre presby-
« térien de la Nouvelle-Orléans, exprimait des
« convictions analogues dans un sermon prê-
« ché le 29 novembre 1860. Dans cette grande
« lutte, s'écriait-il, *nous défendons la cause de*

« *Dieu et de la religion.* Il est impossible de « nier que l'esprit d'abolitionisme ne soit *un* « *esprit d'athéisme*. Notre mission est de pré- « server, de transmettre à la postérité notre « système d'esclavage, et d'obtenir pour lui le « droit de se propager et de prendre racine « partout où la nature et la Providence lui « permettront de se développer... *Nous que* « *Dieu a choisis pour être les défenseurs de l'es-* « *clavage*, rien que son développement ne peut « nous satisfaire. En ce moment la position « du Sud est vraiment sublime. Si Dieu lui « fait la grâce de comprendre sa mission, « notre contrée se sauvera elle-même en sau- « vant l'Amérique et le monde entier. » (Pages 31 et 32.)

« Le 22 novembre 1862, les évêques de « l'église protestante du Sud adressèrent à « leurs coreligionnaires une lettre dans la- « quelle ils manifestaient un louable désir de « réforme au sujet des abus qui se sont déve- « loppés avec l'esclavage, et dont le clergé se

« reconnaît en grande partie responsable. Les « évêques déclarent l'*Eglise du Sud unanime en « faveur de l'esclavage*... Il ne faudrait, disent- « ils, de notre part qu'un peu de soin pour dé- « gager le système sur lequel nous voulons « enraciner notre vie nationale, de tout ce qu'il « peut encore avoir d'antichrétien. Jusqu'à pré- « sent nous en avons été empêchés par la pres- « sion de l'abolitionisme ; mais puisque nous « venons de nous débarrasser de *cette peste « odieuse et impie*, nous devons prouver au « monde que nous sommes dignes de notre « mission. » (Pages 32 et 33.)

« Plus récemment encore, un manifeste signé « par une centaine de ministres presbytériens, « épiscopaux, baptistes, méthodistes, etc., a « été adressé aux chrétiens du monde entier. « Ce factum dénonce la proclamation émanci- « patrice du président Lincoln comme étant « digne d'une réprobation universelle. Envi- « ronnés, disent-ils, de tous les faits relatifs à « l'esclavage et en connaissant parfaitement

« et par expérience tous les résultats, *nous té-*
« *moignons solennellement devant Dieu que la*
« *relation entre maître et esclave, ainsi qu'elle*
« *existe dans notre pays, n'est point incompa-*
« *tible avec le christianisme sacré*, nonobstant
« les nombreux abus que nous sommes les
« premiers à déplorer et qui existent pareille-
« ment dans toutes les autres relations hu-
« maines. La présence d'Africains dans notre
« pays nous donne des raisons de *bénir le Sei-*
« *gneur*. La condition des esclaves n'est pas
« misérable, comme des romanciers du Nord
« voudraient nous le faire croire ; elle est heu-
« reuse et prospère et le serait encore davan-
« tage si le faux zèle des abolitionistes ne
« venait nous arrêter. *L'abolitionisme est selon*
« *nous un obstacle aux plans de Dieu. Il n'a*
« *point sur lui le sceau de la grâce du Seigneur.*
« C'est un fanatisme qui ne porte aucun fruit
« de bénédiction. » (Pages 33 et 34.)

« Il est étrange que des chrétiens, après
« avoir constaté combien l'instruction reli-

« gieuse des esclaves a toujours été négligée,
« prétendent que l'un des avantages de cette
« institution est de christianiser les noirs. Tel
« est cependant un des arguments mis en avant,
« non-seulement en faveur de l'esclavage, mais
« encore en faveur du rétablissement de la
« traite. Le révérend docteur Thornwell, un
« des théologiens les plus distingués de la Ca-
« roline du Sud, est convaincu que *la traite*
« *est la plus belle de toutes les sociétés* des mis-
« sions. » (Pages 34 et 35.)

« Voyez par exemple la définition que le
« *Southern literary Messenger*, la plus an-
« cienne et la plus répandue des revues du Sud,
« donne de l'abolitioniste : L'abolitioniste
« est un homme qui n'aime pas l'esclavage
« pour lui-même, *comme une institution di-*
« *vine;* il n'a point pour lui le culte qu'il doit
« à *la pierre angulaire de nos libertés civiques;*
« il ne l'adore point comme la seule condition
« sociale sur laquelle il soit possible d'élever
« un gouvernement républicain durable. Dans

« le secret de son âme, l'abolitioniste ne dé-
« sire point voir l'esclavage répandu et perpé-
« tué sur la terre entière comme un moyen
« de réforme humaine, moyen qui en impor-
« tance, *en dignité et en sainteté ne le cède*
« *qu'à la religion chrétienne.* » (Page 35.)

« M. Fitzhugh, de la Virginie, dans un livre
« sur la *Sociologie du Sud*, parle en ces termes :
« Les esclaves juifs n'étaient point des nègres.
« Restreindre la justification de l'esclavage à
« celle de l'esclavage des noirs *serait affaiblir*
« *l'autorité des Saintes Écritures* et renoncer au
« bénéfice des exemples que nous donne l'an-
« tiquité profane ; car nous ne lisons nulle part
« que dans les temps anciens il existât des
« nègres esclaves. L'esclavage est donc néces-
« saire, que les esclaves soient blancs ou
« noirs. » (Pages 35 et 36.)

« Jusqu'à nos jours, dit le *Richmond En-*
« *quirer*, les défenseurs de l'esclavage restaient
« à moitié chemin. Ils ne légitimaient que la
« servitude des noirs. C'était abandonner le

« principe, c'était admettre que la servitude « appliquée à d'autres que les Africains est « mauvaise. Aujourd'hui nous affirmons que « l'esclavage est juste, naturel et nécessaire. Il « saute aux yeux que les noirs doivent être « plutôt esclaves que les blancs ; car, par na- « ture, ils sont capables seulement de travail- « ler et non pas de commander ; mais il n'en « reste pas moins vrai qu'en lui-même le prin- « cipe de l'esclavage est absolument indiffé- « rent à la couleur de la peau... Plût à Dieu « que chacun de nous comprît pleinement et « prît à cœur notre mission, notre destinée et « notre responsabilité ! L'établissement de no- « tre confédération est en opposition directe « avec la fausse tendance de notre civilisation « moderne toute entière. Telle est la vraie rai- « son pour laquelle nous avons dû nous pas- « ser de la sympathie générale, jusqu'à ce que « nous l'ayons conquise à la pointe de l'épée. « A la devise *Liberté*, *égalité*, *fraternité*, nous « avons délibérément substitué celle ci : *Su-*

« *bordination, esclavage, gouvernement.* Ces « problèmes politiques et sociaux qui font la « torture et le désespoir des nations mo- « dernes, nous avons entrepris de les résoudre « à notre manière, avec nos principes propres « et pour notre avantage particulier. Parmi les « égaux, l'égalité est un droit, mais elle est un « chaos parmi ceux qui, par la nature, sont « inégaux. Il est des races esclaves nées pour « servir, et des races maîtresses nées pour com- « mander. Tels sont les principes fondamen- « taux que nous a légués le monde antique, « et que nous maintenons en face d'une géné- « ration perverse, oublieuse de la sagesse de « ses pères. Ces principes sont notre vie, et « pour les défendre, nous avons montré que « nous étions prêts à mourir. Nous avons la « confiance que *notre confédération est insti-* « *tuée par Dieu pour prêcher aux nations de* « *grandes vérités.* » (Pages 36 et 66.)

« Nous en sommes venus, dit un autre jour- « nal de la Virginie, le *Southside Democrat*, à

« haïr tout ce qui porte l'épithète de libre; à « partir du nègre libre nous détestons toute la « kyrielle; culture libre, travail libre, société « libre, volonté libre, pensée libre, école libre. « Mais la pire de toutes ces abominations, « c'est l'école libre! L'article discute ensuite « sur la meilleure manière de se débarrasser « des pauvres gens qui ne sont pas en état « de payer l'éducation de leurs enfants, et « conclut ainsi : Que notre législature rende « une loi par laquelle celui qui se chargera « des nécessiteux et de leurs enfants, les lo- « gera, les habillera et les nourrira, malades « ou en santé, *pourra exiger en retour de ses* « *bienfaits que ces indigents le servent et lui* « *obéissent*. » (Pages 36 et 37.)

« Dans le Mississipi, le *Free Southern* pro- « posait de stimuler le zèle des prédicateurs en « fondant un prix pour *le meilleur sermon* dé- « livré en faveur du *libre échange en nègres*. » (Page 58.)

« Dans un *sermon* que l'évêque Méade, de la

« Virginie, daigna écrire lui-même pour que « lecture en fût faite aux nègres, il leur rap« pelle solennellement que leur propre corps « ne leur appartient pas, mais est la propriété « exclusive de leurs maîtres. Puis il s'exprime « ainsi : Ne croyez pas que je veuille vous « tromper quand je vous dis que vos maîtres et « vos maîtresses sont des surveillants *donnés « par Dieu.* » (Page 90.)

A ces renseignements j'ajouterai que plusieurs membres des églises, ne se bornant pas à soutenir par des paroles la cause de l'esclavage, se sont armés matériellement pour combattre en sa faveur. Je citerai entre autres l'évêque méthodiste Polk, qui a pris rang parmi les généraux de l'armée du Sud.

Ces chrétiens-là, comme on le voit, ne prêchent pas un christianisme expurgé de ses vrais enseignements relatifs à la servitude, et par conséquent falsifié : ils prennent la chose au sérieux et dans toute sa crudité. Puisque les *Saintes Ecritures* constatent que Dieu a permis l'esclavage, c'est donc une institution bonne en soi et légitime. Partant de là, leur impitoyable logique en déduit les conséquences naturelles. Ce n'est pas seulement le maintien de l'esclavage qu'ils réclament, c'est sa plus grande extension possible. Mais l'esclavage ne saurait se maintenir et s'étendre pour le plus grand bien de l'humanité sans certains moyens auxiliaires ; aussi redemandent-ils non pas seulement le rétablissement de la traite des noirs, mais la faculté de faire des esclaves sans distinction de couleur, et jusqu'au droit d'enfermer et de retenir de force dans leurs ergastules cette classe très-nombreuse de nécessiteux, appelés les petits blancs, qu'ils auront assistés dans leur misère, ce qui fournira des esclaves que l'on paiera moins cher qu'au marché. Et puis, comme tout se tient dans le mal non moins que dans le bien, la confiscation de la liberté corporelle de l'homme les amène par degrés à prendre en haine toutes ses autres libertés et à le déclarer sans rougir.

Enfin, en pensant, parlant et agissant avec cette impudeur, ils prétendent remplir une mission divine, et peut-être ont-ils fini par se le persuader à eux-mêmes ! Qui aurait pu croire, il y a une vingtaine d'années, que la seconde moitié du XIXe siècle nous réservait un tel spectacle ? Mais, diront de ce côté de l'Atlantique des chrétiens moins maladroits quoique plus illogiques, les gens que vous nous citez là ont tout à fait perdu la tête. Je ne dis pas le contraire, et j'ajoute que, comme l'excès du mal en est souvent le remède, j'espère qu'ils nous auront aidés à atteindre le but que nous poursuivons.

FIN

TABLE DES MATIÈRES

Imprimé par Ch. NOBLET, rue Soufflot, 18.

www.ingramcontent.com/pod-product-compliance
Lightning Source LLC
Chambersburg PA
CBHW070747270326
41927CB00010B/2092
* 9 7 8 2 0 1 3 6 9 9 6 6 2 *